知识类活动组织策划

《"四特"教育系列丛书》编委会　编著

吉林出版集团股份有限公司
全国百佳图书出版单位

图书在版编目 (CIP) 数据

知识类活动组织策划／《"四特"教育系列丛书》编委
会编著 . —长春：吉林出版集团股份有限公司，2012.4
（"四特"教育系列丛书／庄文中等主编 . 学校文化建
设与文娱活动策划组织）
　ISBN 978-7-5463-8653-9

Ⅰ . ①知… Ⅱ . ①四… Ⅲ . ①文化活动－青年读物②文化
活动－少年读物　Ⅳ . ① G247-49

中国版本图书馆 CIP 数据核字（2012）第 044825 号

知识类活动组织策划

ZHISHI LEI HUODONG ZUZHI CEHUA

出 版 人	吴　强	
责任编辑	朱子玉　杨　帆	
开　　本	690mm×960mm　1/16	
字　　数	250 千字	
印　　张	13	
版　　次	2012 年 4 月第 1 版	
印　　次	2023 年 2 月第 3 次印刷	

出　　版	吉林出版集团股份有限公司
发　　行	吉林音像出版社有限责任公司
地　　址	长春市南关区福祉大路 5788 号
电　　话	0431-81629667
印　　刷	三河市燕春印务有限公司

ISBN 978-7-5463-8653-9　　　　定价：39.80 元

前　言

学校教育是个人一生中所受教育最重要组成部分,个人在学校里接受计划性的指导,系统地学习文化知识、社会规范、道德准则和价值观念。学校教育从某种意义上讲,决定着个人社会化的水平和性质,是个体社会化的重要基地。知识经济时代要求社会尊师重教,学校教育越来越受重视,在社会中起到举足轻重的作用。

"四特教育系列丛书"以"特定对象、特别对待、特殊方法、特例分析"为宗旨,立足学校教育与管理,理论结合实践,集多位教育界专家、学者以及一线校长、老师们的教育成果与经验于一体,围绕困扰学校、领导、教师、学生的教育难题,集思广益,多方借鉴,力求全面彻底解决。

本辑为"四特教育系列丛书"之《学校文化建设与文娱活动策划组织》。

校园文化是学校本身形成和发展的物质文化和精神文化的总和。由于学校是教育人、培养人的社区,因而校园文化一般取其精神文化之含义。即学校共同成员在学校发展过程中,逐步形成的包括学校最高目标、价值观、校风、传统习惯、行为规范和规章制度在内的精神总和。

良好的校园文化环境是学生积极参与和悉心建设的结晶,也是实现素质教育、造就优秀人才的一个不可或缺的重要条件。因此,加强学校文化阵地的建设与组织活动策划是一项非常系统性的工程。学校文化阵地建设是学校文化的重要窗口,学校文化组织的策划则是学校实施素质教育和精神文明建设的重要组成部分,这两样都是学生成长成才的内在需要,更是推进学校教育工作的重要载体。

文化娱乐活动是文化体育娱乐活动的简称,其娱乐性、趣味性、知识性和多元化结合的特点是广大读者学习之外追求的一种健康生活情趣。

学校的文化娱乐活动项目包括音乐、美术、舞蹈、文学、语言、曲艺、戏剧、表演、游艺等多方面内容,广大青少年同学在课余时间通过参加多种形式的文化娱乐活动,能够达到开阔视野、陶冶情操、增长才智、提高能力、沟通人际、适应社会以及改善知识结构,掌握实用技能等效果。在这些文化娱乐活动中,他们通过接受不同形式、不同内容的有益教育,能够受到潜移默化的作用,从而达到提高思想、文化和身体的综合素质,这对造就和培养有理想、有道德、有纪律、有文化、适应时代腾飞的新一代人才有着十分重要的作用。

为了适应青少年发展的需要,营造良好的校园文化环境,为校园文化娱乐活动的组织策划提供良好的指导,我们特地编辑了这套书从学校的实际情况出发,以育人为根本目标,坚持先进文化的方向,从音乐、绘画、表演、游艺等方面重点对学生的基础知识和操作能力进行训练,努力使他们在娱乐中学到知识,在欢笑中陶冶情趣,并通过系统的训练和比赛,使他们的智力得到开发、知识结构得到改善,最终达到新课标要求的培养高素质的合格人材的目标。

本辑共20分册,具体内容如下:

1.《学校文化建设与管理创新》

校园文化重在建设,它包括物质文化建设、精神文化建设和制度文化建设,这三个方面建设的全面、协调的发展,将为学校树立起完整的文化形象。加强学校文化阵地的建设与组织活动策划是一项非常系统性的工程。本书对学校文化建设的组织管理与创新策划进行了系统而深入的阐述，体例科学，内容全面，具有很强的系统性、实用性、实践性和指导性。

2.《把图书馆打造成传播知识的圣地》

加强学校图书馆建设，对激发学生学习的积极性以及提高学生的整体素质有着重要的作用与意义。本书对学校图书馆的建设与管理进行了系统而深入的阐述，体例科学，内容全面，具有很强的系统性、实用性、实践性和指导性。

3.《环境与安全文化建设》

校园安全文化是校园文化的重要组成部分，学校安全文化建设水平的高低已成为学校核心竞争力的基本内容之一。所谓校园安全文化是指将学校安全理念和安全价值观表现在决策和管理者的态度及行为中，落实在学校的管理制度中，将安全管理融入学校整个管理的实践中，将安全法规、制度落实在决策者、管理者和师生的行为方式中，将安全标准落实在教育教学过程中，由此构成一个良好的安全建设氛围，通过安全文化建设，影响学校各级管理人员和师生的安全自觉性，以文化的力量保障学校财产安全和师生人身安全。学校安全文化有四个层次。即：安全观念文化、安全行为文化、安全制度文化和安全物质文化。它们相互作用，相互促进。

4.《把学校建设成传播文化的阵地》

作为中国特色社会主义文化阵地重要组成部分的学校，在中华文化面临挑战和发展的机遇之际，应该承担时代赋予的使命，通过教育创新，传承文明，创造先进文化，培养和谐发展的高素质创新人才来促进社会的发展，实现中华民族的伟大复兴。本书对学校文化阵地的建设与管理进行了系统而深入的阐述，体例科学，内容全面，具有很强的系统性、实用性、实践性和指导性。

5.《知识类活动组织策划》

文化知识类活动课是一门全新的课程，就其根本意义来说是为了提高学生的素质，而要做到这一点，必须对文化知识类活动课加强有效的科学的管理。尽管各科活动课教学目标是有弹性、较为宽泛的，但总的教育目标应十分明确，那就是有利于学生主体精神的体现；有利于对学生的分析问题和解决问题的能力培养；有利于活动成功学生的自我认识；有利于学生个性的发展，管理工作不能偏离这一目标。本书对学校知识类活动的组织策划进行了系统而深入的阐述，体例科学，内容全面，具有很强的系统性、实用性、实践性和指导性。

6.《科普活动组织策划》

科技教育是拓展学生知识面的重要平台，是培养学生自主创新的首要手段，在学生成长过程中已显现出越来越大的不可替代的作用，而学校重视科技教育，则可以让学校的重视学生全面发展的教师和学生在校园里都能有自己的发展空间。如果能够切实的从以上各个环节落实科学实践活动的开展，就可以在全校掀起一股学科学、做科学、用科学的热潮，使学生科学素养得到普遍提高，在落实了普及科学的目标的同时也提升了学校科学教育的质量。本书对学校科普活动的组织策划进行了系统而深入的阐述，体例科学，内容全面，具有很强的系统性、实用性、实践性和指导性。

7.《收藏活动组织策划》

中国文化艺术几千年源远流长的历史，也凝聚着文艺收藏的风云沧桑。社会文明的整体进步，在促进文艺创作繁荣的同时，也推动文艺收藏的蓬勃发展。收藏可以陶冶情操、修身养性，它要求收藏者具备理性的经济头脑的同时，还要有很好的艺术的修养。收藏者在收藏的过程中，潜移默化地将自己培养成理性和感性结合得相当和谐的现代人。本书对学校收藏活动的组织策划进行了系统而深入的阐述,体例科学,内容全面,具有很强的系统性、实用性、实践性和指导性。

8.《联欢庆祝活动组织策划》

联欢活动是指单位内部或单位之间组织的联谊性质的文娱活动。通常是为了共同庆贺某一重大事件,或者在某一节日、某一重大活动完毕之后举行。联欢活动一般以聚会的形式进行,所以又称联欢晚会。本书对学校联欢活动的组织策划进行了系统而深入的阐述,体例科学,内容全面,具有很强的系统性、实用性、实践性和指导性。

9.《行为文化活动组织策划》

行为文化是指人们在生活、工作之中所贡献的、有价值的,促进文明、文化以及人类社会发展的经验及创造性活动。本书对学校行为文化活动的组织策划进行了系统而深入的阐述,体例科学,内容全面,具有很强的系统性、实用性、实践性和指导性。

10.《文娱演出活动组织策划》

演出是指演出单位或个人在特定的时间特定的环境下所举办的文艺表演活动。由于演出经过长期的发展与各地的差异,目前主要包括电影展演、音乐剧、实景演出、演唱会、音乐会、话剧、歌舞剧、戏曲、综艺、魔术、马戏、舞蹈、民间戏剧、民俗文化等种类。本书对学校娱乐体育活动的组织策划进行了系统而深入的阐述,体例科学,内容全面,具有很强的系统性、实用性、实践性和指导性。

11.《音乐项目活动组织策划》

音乐是一种抒发感情、寄托感情的艺术,它以生动活泼的感性形式,表现高尚的审美理想,审美观念和审美情趣。音乐在给人以美的享受的同时,能提高人的审美能力,净化人们的灵魂,陶冶情操,提高审美情趣,树立崇高的理想。本书对学校音乐项目活动的组织策划进行了系统而深入的阐述,体例科学,内容全面,具有很强的系统性、实用性、实践性和指导性。

12.《美术项目活动组织策划》

美术作为美育的主要手段的途径,它的主要任务不仅仅是传授美术知识,也不仅仅是美术技能的训练,而是通过学生内心达到审美状态,良好心理得到培养和发展,不良心理受到疗治和矫正,使各种心理功能趋于和谐,各种潜能协调发展,最后达到提高人的生存价值,体验与实现美好人生的目的。本书对学校美术项目活动的组织策划进行了系统而深入的阐述,体例科学,内容全面,具有很强的系统性、实用性、实践性和指导性。

13.《舞蹈项目活动组织策划》

舞蹈能够促进少年儿童的生长发育,改善少年儿童的形体,带来艺术气质和形体美,有利于提高少年儿童的生理机能,提高少年儿童的身体素质,促进少年儿童的心理健康发展,还能够培养少年儿童的人格魅力。本书对学校舞蹈项目活动的组织策划进行了系统而深入的阐述,体例科学,内容全面,具有很强的系统性、实用性、实践性和指导性。

14.《器乐项目活动组织策划》

贝多芬曾说:"音乐能使人类的精神爆发出火花。音乐比一切智慧、哲学有更高的启示。"作为素质教育的民乐教学,更突出将学生的全面发展放在首要的地位,使之形成具有显著办校特色的办学指导思想,为学校的全面发展做出了贡献,取得了满意的效果。本书对学校器乐项目活动的组织策划进行了系统而深入的阐述,体例科学,内容全面,具有很强的系统性、实用性、实践性和指导性。

15.《语言项目活动组织策划》

加强学校文化阵地的建设与组织活动策划是一项非常系统性的工程。学校文化阵地建设是学校文化的重要窗口,学校文化组织的策划则是学校实施素质教育和精神文明建设的重要组成部分。本书对学校语言项目活动的组织策划进行了系统而深入的阐述,体例科学,内容全面,具有很强的系统性、实用性、实践性和指导性。

16.《曲艺项目活动组织策划》

曲艺是中华民族各种"说唱艺术"的统称,它是由民间口头文学和歌唱艺术经过长期发展演变形成的一种独特的艺术形式。曲艺演员必须具备坚实的说功、唱功、做功和高超的摹仿力,演员只有具备了这些技巧,才能将人物形象刻划得维妙维肖,使事件的叙述引人入胜,从而博得听众的欣赏。本书对学校曲艺项目活动的组织策划进行了系统而深入的阐述,体例科学,内容全面,具有很强的系统性、实用性、实践性和指导性。

17.《戏剧项目活动组织策划》

戏剧的表演形式多种多样,常见的包括话剧、歌剧、舞剧、音乐剧、木偶戏等,是由演员扮演角色在舞台上当众表演故事情节的一种综合艺术。戏剧情节、歌唱和舞蹈这三者的复杂结合,使中国戏曲具有独特的风格和一系列艺术上的特点。本书对学校戏剧项目活动的组织策划进行了系统而深入的阐述,体例科学,内容全面,具有很强的系统性、实用性、实践性和指导性。

18.《表演项目活动组织策划》

表演指演奏乐曲、上演剧本、朗诵诗词等直接或者借助技术设备以声音、表情、动作公开再现作品。加强学校文化阵地的建设与组织活动策划是一项非常系统性的工程。本书对学校表演项目活动的组织策划进行了系统而深入的阐述,体例科学,内容全面,具有很强的系统性、实用性、实践性和指导性。

19.《棋牌项目活动组织策划》

棋牌是对棋类和牌类娱乐项目的总称,包括中国象棋、围棋、国际象棋、蒙古象棋、五子棋、跳棋、国际跳棋(已列入首届世界智力运动会项目)、军棋、桥牌、扑克、麻将等等诸多传统或新兴娱乐项目。棋牌是十分有趣味的娱乐活动,但不可过度沉迷于其中。本书对学校棋牌项目活动的组织策划进行了系统而深入的阐述,体例科学,内容全面,具有很强的系统性、实用性、实践性和指导性。

20.《游艺项目活动组织策划》

游艺是一种闲暇适意的生活调剂。其中既有节令性游乐活动,也有充满竞技色彩的对抗性活动,更多的则是不受时间、地点、条件制约的随意方便的自娱自乐活动。其中有的继承性极强,规则较严格;有的则是无拘无束的即兴自娱;有的干脆是一种与生产紧密结合的小型采集和捕捉活动。这些丰富多彩的民间游艺活动使得广大劳动人民特别是青少年无论在精神生活、智力开发还是身体素质诸方面得到有益的充实和锻炼,也成为最普及的农村文化活动形式。本书对学校游艺项目活动的组织策划进行了系统而深入的阐述,体例科学,内容全面,具有很强的系统性、实用性、实践性和指导性。

由于时间、经验的关系,本书在编写等方面,必定存在不足和错误之处,衷心希望各界读者、一线教师及教育界人士批评指正。

编者

目　录

1. 书的起源

图书是记录语言的，语言是用文字表达的。没有文字就不可能有书。文字是怎样起源的呢？在远古时候，文字还没有产生，人们只能依靠语言来表达思想，传达消息。但是声音不能传得很远，也不能保存和记录下来。人们需要交流思想，需要积累和传播知识。为了达到这个目的，就只有靠口传记忆了，可是，时间长了，事情多了，就会忘记，就会记错，那怎么办呢？我们的祖先为了补救这个缺陷，曾经创造了许多帮助记忆的方法，其中最重要的是利用实物来唤起记忆，这就流行了"结绳记事"、"刻木记事"和"堆石记事"等等方法。

"结绳记事"，就是在绳子上打结，用结子的大小、多少和位置来表示不同的意义。现在，这种记事方法在汉族中已绝迹了，可是在我国兄弟民族中，如云南的傈僳族、哈尼族，台湾的高山族，都还有这种结绳记事的习惯。除了结绳，刻木记事也非常流行，就是在木头上刻上许多不同的符号来表示不同的事物。

这种结绳和刻木是帮助回忆记事的符号，是书的前身，但还不算文字，如果要说"文字"，就是以后发展起来的"图画文字"。我们的祖先把从事生产劳动，与周围环境有着密切关系的事物画在他们所居住的洞穴壁上。在我国周口店山顶洞以及法国、西班牙的深山古洞中，都发现和留存着旧石器时代人所绘的画，这些画画得很逼真，使人一见就知道是什么意思。后来，就慢慢地只用几根线条来组成一个大概形似的轮廓，把原来复杂细致精确的图画，简化为一定形式的图案符号，使人们看到这个符号，就能知道代表的是什么事物，这么一来，这些简化的原始文字符号就和语言有了意象关系。以后就逐渐地用它来代替语言表达思想，进而交流经验、传播知识，这样，便出现了原始的图画文字。

这种图画文字，起初是很不统一的。有繁有简，后来就有人进行整理、统一、简化，也使书写方便了。当时，整理创造文字的人很多，这里要说的就是传说的仓颉造字。我国古代曾有这样的记载，说仓颉长有四只眼睛，非常聪明，生下来就会字。他上观日月星辰，下看山川鸟兽，仓颉就根据它们的形象，创造出文字来。但是话又说回来，历史上是否真有仓颉这个人呢，这就很难说了，这都是根据传说和古书的记载流传下来的。不过，说它长有四只眼睛，文字是他一人创造，这是不符合事实的。因为文字是劳动人民经过长期的社会生活共同创造的，仓颉只不过对文字进行搜集和整理罢了。

关于我国图书的产生，还有一个近似于神话的传说，即"河图洛书"，中国最早的古籍《尚书》中也有同样的说法。有人进一步解释说，伏羲统治天下时，有龙马从黄河出现，背负"河图"；有神龟从洛水出现，背负"洛书"。伏羲根据这种"图"和"书"画成八卦，就是后来《周易》的来源。

我们今天所见到的《河图》、《洛书》，是由一系列的神秘符号所组成的数字方阵。它们是经过周、秦、汉几代儒生方士们之手加工后的形态，其原始面貌已无法知晓了。有人认为它是古代游牧民族所画的立体的天象图（《内蒙古师范学院学报》一九八九年第六期）；还有人认为它是由自然界的天然痕迹——龟甲，发展而成的抽象符号，是中国第一部图书（《大学图书馆通讯》一九八八年第四期），并认为《河图》与《洛书》在中华文明史上曾起到了重要的启蒙作用。华夏文化的源泉也可以说就是"河洛文化"，而《河图》《洛书》则是河洛文化的初基。它所建立的辩证思维的模式，对后世的思想、哲学、文学和科学都有重要的影响。孔子曾说过："河不出图，洛不出书，吾已矣夫。"

传说和神话并不是历史，但它们是历史的产物，在一定程度上反映了历史。为此我们可以得到这样一些启示：在文字发明以前，就先有了图画和一些简单的符号作为传播信息的工具。我国文明的最早发生地是在黄河、洛水一带的中原地区。

有了文字，就有了创造书籍的基本条件。当然并非从有文字开始就有了书籍。人们最初利用文字，不过是用来弥补生活劳动中语言的不足，促进思想感情的交流和信息的传递，借以唤起共同的行动。当人们开始有意识地将文字刻写在各式各样的材料上，借以记录经验，阐述思想，并使之传播久远的时候，书籍便开始出现了。

我国书籍最早出现于何时，现在很难作出较准确的结论。我们至今尚未发现夏朝的文字和文献实物，根据其它文献判断分析，很可能就是在夏这一历史时期即公元前二十一世纪至十六世纪，完成了由文字到文献典籍这一历史性的转变。其论据有七条：

（1）《史记》和《竹书纪年》都载有夏代帝王的世系表，尽管两者不尽相同，但大同小异。这说明两者是以同一份原始文献记录为依据的。而且，在殷墟甲骨文被发现后，王国维据卜辞中殷商的先公先王世系考证出《史记》中的《三代世表》是"信史"，因为夏代诸王与商先王刚好是同时代的人，都在距今四千年左右。

（2）我国现存最早的史书《尚书多士》中有这样一段话："唯殷先人；有册有典，殷革夏命"。这是武王灭商后，周公对殷商贵族的训话，大意是：你们殷的先人，在推翻夏朝时，已有典籍，记载了这段史实。

（3）殷墟甲骨文是较为系统成熟的文字，其数量、规模及完备程度说明它已经不是早期原始文字，一定是经过了若干年的发展。特别是一九八三年又在西安西郊的一个原始社会遗址，发掘出一批更早的甲骨文，时间是四千五百至五千年前。这批甲骨文字体细若蚊足，字形清晰，刚劲有力，结构严谨，更新了人们的传统观念。据考证，这批早期甲骨文比殷墟甲骨早一千二百年，比夏朝还要早五百年以上。

（4）夏代，人们为了发展农业生产，总结并掌握了一定的天文历法知识，以十二个月为一年，有大小月之分，大月三十天，小月二十九天，还懂得了十九年置七个闰年。夏代的历法称"夏历"和"夏小正"，夏历以寅月为岁首。春秋时，孔子曾主张"行夏之时"（《论语·卫灵公》）。

（5）在《竹书纪年》和《世本》等古书中，有"夏发七年，泰山振"，"夏桀十年，夜中星陨如雨"等记载，这也是世界上关于地震和陨石雨的最早文字记录，可作为夏代有文献记录的旁证。

（6）《吕氏春秋·先识览》载："夏太史令终古出其图法而泣之——乃出奔如商"。该书写成之后曾公布于咸阳城门，声称能增删一字者，赏予千金。可见这段史料的来源不会毫无根据。

（7）《国语·晋语》载：晋文公时，阳人犹"有夏商之嗣典……樊仲之官守焉"。《国语》亦是一部严肃的史书。上述诸条虽为旁证，但足以说明夏代有典籍并非无稽之说。

2．书的由来

甲骨的书

早在3000多年前的殷代后期，就出现了有关占卜吉凶的书。当时纸尚未发明，人们就地取材，以龟甲和兽骨为记录材料，把占卜的内容刻在龟甲或兽骨上，这就是最早的图书——甲骨的书。

甲骨文的内容，即卜辞涉及很广，有天象，如日蚀、月蚀、晴、雨、风、雪等；有定期的预测，如卜旬、卜夕等；有预测即将发生的事件，如旅行外出、渔猎和战争；有生、死、病、梦等人事的休咎及对祖先、神灵的祭祀。前中央研究所在发掘中曾获一大龟甲，上边刻有："丁酉雨，至于甲寅，旬又八日，九月。"这说明九月自丁酉至甲寅，连续下雨 18 天。又武丁时期的一条卜辞上记载："翌戊午，焚擒？戊午卜，贞：我狩，擒？之日狩，允擒虎一、鹿四十、狐百六十四、麇五十九。"

这条卜辞的意思是：第二天戊午，能否焚树林擒获野兽。戊午这一天占卜，史官　问道："商王在　这地方去打猎，能否擒获野兽？于是这一天就去打猎，结果擒获 1 头虎、40 头鹿、164 头狐、59 头小鹿。"这是一篇有关田猎活动的文献。

青铜器上的饰纹

青铜器上常有平雕的各种不同的花纹、浮雕、半浮雕的各种装饰，它具备特有的历史面貌和时代风格，在一定程度上反映了当时的工艺美术特征。

青铜器的艺术装饰大多采用动物的形象，自然界中的动物，其中有许多与人类的生产生活关系极为密切。如：鱼、蛙、龟、蚕、羊、牛、象、鸟等。

在各种动物纹样中，最具特色的是兽面纹，流行于商代及西周早期。这种动物饰纹的重要特点是：眼睛巨大、凝视、大嘴咧开、口中有獠牙或锯齿形牙，额上有一对立耳或大犄角，并有一对锋利爪子。这种形象以表现动物的头部特征为主。这类饰纹旧称饕餮纹。据古代神话传说，饕餮是神人缙云氏的一个"不才子"。它贪吃人类，吃到把人塞在口中，但无法咽下去，终于害了自己，变成了有头无躯的怪物。古代儒生说，周朝鼎中有这种饰纹，其目的是让人们知道因果报应的道理。宋代学者把这种表现动物头部的纹物称之为饕餮纹，一直沿用至今。

石头的书

在古代，石头也用来作书写材料，甚至将整篇作品或整部著作刻于石上。

由于刻石的兴起，出现了拓印技术。石面上所刻的字，都是正面凹入，可先将一张薄纸用矾及白芨水浸泡，贴在刻石的表面；以软刷将纸刷匀，再轻轻捶打，将纸嵌入铭文的笔划之内，待纸干后，以细布包裹棉花做成的拓包，蘸以墨汁，将它在纸上均匀捶拓，将纸剥下来，便得到相同的复本。这一操作过程叫"拓"，用墨汁者称墨拓，用红颜料者谓朱拓，单张叫拓片，装连起来叫拓本。

从《旧唐书·职官志》《新唐书·百官志》的记载中可以得知，唐代宫廷中还有专司拓印的"搨书手"。拓印技术源远流长，千余年来一直是一种文献复制技术。拓本成为一种图书类型，后期的主要作用已不再是传播知识，而是成为书法艺术借以流传的一种特殊类型的图书。书法爱好者可从拓本中掌握古代著名书法家的技法和艺术。

简牍的书

在纸发明以前，简牍是我国书籍的最主要形式，对后世书籍制度产生了深远的影响。直到今日，有关图书的名词术语、书写格式及写作方法，依然承袭了简牍时期形成的传统。

简牍是对我国古代遗存下来的写有文字的竹简与木牍的概称。用竹片写的书称"简策"，用木版（也作"板"）写的叫"版牍"。超过100字的长文，就写在简策上，不到100字的短文，便写在木版上。写在木版上的文字大多数是有关官方文书、户籍、告示、信札、遣册及图画。由于文字内容有异，其称谓有别，如军事的文书叫"檄"；

用于告示者称之"榜";将信写于木版,然后再加一版叫作"检"。在检上写寄信人和收信人的姓名、地址叫作"署"——这是信封的起源。然后将两版合好捆扎,在打结的地方涂上粘土,盖上阴文印章,在粘土上出现凸起的字,这就是"封",使用的粘土叫"封泥"。由于写信的木版,通常只有一尺长,故信函又叫"尺牍"。笺是古代一种短小的简牍,是供读书者随时注释的,它系在相应的简上以备参考之用。现在人们所说的笺注就是起源于此。从策、简、籍、簿、笺、札、检、椠等从竹、木字形上,都反映出简牍的制成材料。

用于简牍的书写工具有笔、墨、刀、削。简牍上的文字用笔墨书写,刀的主要用途是修改错误的文字,并非用于刻字。先秦简牍,多用古文、篆文,秦始皇统一中国后,通行隶书,字体变圆为方,于是公文、信函多用隶书。

简是古代书籍的基本单位,相当于现在的一页。

一枚简牍称为简,常写一行直书文字。字数较多的,写在数简上,编连在一起,称之"册"。长篇文字内容成为一个单位的,叫作"篇"。一"篇"可能含有数"册"。至于简牍"卷"的称谓,还存在分歧。劳干认为,居延广地南部"候兵物册"共77简,以麻绳编之,如竹帘状,可以舒卷,故"简编则为册,卷则为卷"。陈盘指出:孔安国《古文尚书》序中有云:"并序凡五十九篇,为四十六卷。"陈以为此处既曰篇,又曰卷,据此可证明一篇或数篇可为一卷。

缣帛的书

竹简虽然廉价,制作方便,但这种笨重的书籍携带不便,而且每简容字有限,编简成册的长篇著作一旦散乱,则发生"错简";再说简牍的编连所用的丝带、麻绳、皮带易被磨断,使阅读带来困难。缣帛是丝织物,轻软平滑,面幅宽阔,易于着墨,幅的长短宽窄可以根据文字的多寡来剪裁,而且可随意折叠或卷起,收藏容易,携带方便,可以弥补简牍的不足。因此，帛书与简书并存，共同构成我国古代独具特色的简帛文化。

缣帛图书的书写十分考究，《太平清领书》是白绢上写字，用红色画直格，以青绢包头（古时"包头"就是现在书画卷的"护首"），用红笔写标题目录。后来纸本书中的"朱丝栏"、"乌丝栏"，就是借用了在缣帛上织成的红黑界栏。

帛书可外加装封，以作保护。1931 年，朝鲜乐浪汉墓中曾发现公元二三世纪时的漆盒二件，此黑漆套为半圆状，纹以五彩，二侧端皆有小孔，应当是装置卷轴之箧。

1908 年斯坦因第二次来华，在敦煌发现两封公元一世纪的缣帛信件，保存良好。两封信发自一人，可能是驻山西北部成乐的地方官员致书敦煌边关的信，信内抱怨通信困难，信上没有注明日期。

1972 年，长沙马王堆汉墓中出土各种颜色的丝织品，其中有绢、罗、纱、锦、绣、绮等，而最珍贵的是覆盖在棺上的一件彩色帛画。该画用朱砂、石青、石绿等矿物颜料绘成，色彩绚烂，画面大致分上、中、下三部分，表示天上、人间、地下的景物，其内容及技术较战国帛画更为复杂多姿，但无文字。由于缣帛作书写材料价格昂贵，所以缣帛用于书写并不普遍，除此之外，帛书中还有地图、祭文等。

3. 书的历史

无论古今中外，对于书，人们总给予最高的肯定与特别的关怀。手工精制的纸特别适合中国书画之用，分生宣和熟宣两种。

人类许多伟大的创造，大都经过漫长岁月的发展过程，并聚合无数人的心力，时刻成长、壮大，图书也不例外。以我们中国为例，它至少已有三千五百年以上的发展历史，其间人们所投入的智慧与劳力，更无与伦比。图书在迭次的创造改进，才有今天的面貌。大体来说，历史上，除了某些为特殊目的所制作的图书之外，书籍的发展，略有脉络可寻。

最早人们的交往，在彼此示意之时，可能只借手势或音量作为媒介。其后，从经验的累积，进而确定一些固定的音节，来代表某种特定的意义，于是人类跨出了有声无言的时代，迈入到有言无文的社会。

有了语言，人类往往借助于记忆力，把听到的话牢牢记住，再对别人复述出来；或将心中的理想、个人的经验，借语言加以传播。这种目的及办法，与日后图书的功能相近，因此，可以称之为口传的活书。人类的记忆到底有限，有时更会走样，口传的活书，必然有许多缺陷。于是，聪明的人类发明了许多帮助记忆的方法，其中最富代表性的便是结绳。以结绳的大小、松紧、多寡及涂上不同颜色等方式，来表示各种不同的意义，我们可称之为绳书。

绳书能传到远方，也能长期保存，比起语言自有某些长处。然而终因其式样变化有限，无法满足快速进步中人类社会的需要。于是，人类再着手改进，乃从模仿天性里，描绘外界形象加以简化，使之蜕变成为简单的图像，再用它来作为意象的符号。这种图画，已有文字的雏形，一般人称之为文字画。之后，经过再改良演进，渐渐成为定型的象形文字。又经过长时期的发展，终于成就了汉字的字体，供人们应用。

文字的出现，既为人类文明开拓了崭新境界，也为书奠下坚实的基础。

中国的记言文是在记事文之先发展的。商代甲骨卜辞大部分是些问句，记事的话不多见。两周金文也还多以记言为主。直到战国时代，记事文才有了长足的进展。古代言文大概是合一的，说出的、写下的都可以叫作"辞"。卜辞我们称为"辞"，《尚书》的大部分其实也是"辞"。我们相信这些辞都是当时的"雅言"，就是当时的官话或普通话。但传到后世，这种官话或普通话却变成了诘屈聱牙的古语了。

有了文字，首先需要寻找写刻的材料。最早书写材料都取自于自然界，如：石块、树皮、树叶、兽皮、兽骨及动物的甲壳等等，都是其例。但这些材料各有缺陷，无法充分发挥文字的纪录功能。春秋战国时代，知识日渐普及，著书立说，大行其道，为应需要，简书和帛书乃相继产生。"简"是用竹或木制成狭长的条片，书写时，由上而下，一片一片接续下来，然后再依由右而左的顺序排列，并以绳索加以编连，这样一部著作，便能连贯而完整。帛书是丝织品写成的图书，由于帛性柔软又轻便，携带及阅读均感便利。只是简书笨重，帛书昂贵，都不利于知识的普及及图书的长期发展，因而人们又发明纸张来取代它们。

纸的出现，约在西汉时期，史书正式的纪录是公元一〇五年。由于纸张具有轻柔及低廉的长处，因而，很快成为生产图书最主要的材料。纸出现以后，虽然解决了图书生产方面的许多问题，但是生产图书，犹停留在逐字逐本的抄写，既费时又费力，还是欠缺方便。人们遂从长期使用印章和捶拓碑碣文字的经验中，启发了雕版与印刷技术的结合使用，终于发明便捷快速的生产图书方法。

雕版印刷术约在初、盛唐时代出现，由于它是手工业时代生产图书的好方法，因此很快被推广利用，成为五代、两宋以后生产图书的主力。为了使印刷技术更便捷与美观，宋仁宗庆历年间又有人发明活字排版印刷。而元朝末年，更进步到彩色套印的印刷领域。从此之后，印刷技术不但成熟周全，印刷成品更是鲜丽动人。

图书除了文字、纸张、印刷之外，如何装潢也是重要件之一。自竹木简策之后，我国图书的装潢技巧，即不断的改良提升，其演进的方向，大都朝向简便实用、美观大方的原则。历代以来，图书装潢型制约有：卷轴、册叶、经摺装、蝴蝶装、包背装、线装等多种演进过程。近代的图书，虽然采用机械操作装订成平装、精装等形式，但有些影印出版的古书，还常用线条来增加古意，颇能引发思古之幽情。在中国早期即有了护书用的铜制护套。

然而无论生产图书方法如何改变，其基本原理，却都脱离不了旧日的方式。今日制版、印刷、造纸等制作图书要件，可以说无一不是从国人旧有的发明中蜕变而来的。所以当我们缅怀人类文明的进步及图书发展的历史时，总难抑制住一股无名的兴奋与荣耀的心情。当然，如何自励自省，绍续先人光辉遗绪，或将更具有意义。

4. 最早的书

我国最早的书是"简策"、"版牍"、"帛书"。用竹做的称"简策"。把竹筒破成一条条又窄又平的细分签，就可用笔在上面写字，当纸使用。一条竹签叫"简"，许多条竹签连结在一起叫"策"。"简策"最早出现在南朝中叶。

用木头做的书称"版牍"。把树锯成若干段，再将段锯成薄片就叫"版"，在"版"上写字后，就叫牍。把薄片编起来，就是"版牍"。"帛书"是写在丝织品帛上的书。

1993 年 10 月，郭店楚简出土于沙洋县纪山镇郭店一号楚墓。这是一次轰动全世界的考古大发现。

郭店楚简是迄今为止世界上发现最早的原装书。共 804 枚，其中有字简 726 枚，简上字数 13000 余个。经古文字专家研究整理得知，郭店楚简全部为先秦时期的 18 篇典籍。其内容为儒家和道家两派著作。道家著作有《老子》（甲、乙、丙）三篇和《太一生水》，儒家著作有《缁衣》、《鲁穆公问子思》、《穷达以时》、《五行》、《唐虞之道》、《忠信之道》、《成之闻之》、《尊德义》、《性自命出》、《六德》、《语丛》（四篇）。众所周知，秦始皇的焚书坑儒政策使先秦大量的学术典籍付之一炬，但郭店楚简在此之前深埋地下，逃过了这一劫难，得以重见天日。

郭店楚简的出土解决了中国儒家思想发展史上遗留的重要学术问题，填补了孔孟之间一百多年的思想理论空白；向我们展示了先秦时期儒道两家和平共处的信息；为我们提供了一种最古老的宇宙生成模式。

郭店楚简内容丰富，价值独特。1998 年《郭店楚墓竹简》一书由文物出版社出版并向海内外公开发行后，引起了中外学者研究古书的热潮。德国著名汉学家瓦格纳教授称"世界上只有 1947 年埃及出土的大批基督教的佚书可与郭店楚简的出土相提并论"。美国哈佛大学杜维明教授这样评价：郭店楚简出土以后整个中国哲学史、中国学术史都需要重写。目前，在我国许多高等院校还专门开设了郭店楚简的课程。中学的历史教科书中也将因郭店楚简的出土增添新的内容。

5. 书籍制度的演变

概括而言，我国古代书籍制度主要分为三大类，即简牍制度、卷轴制度和册页（叶）制度。这三种书籍制度大体上代表不同的历史时期，但也有交叉。

简牍制度

简牍制度是我国最早的书籍制度，对后来书籍形制的发展有很大影响。简册形制的书，其编连长度要视书籍内容的长短而定。但如果太长，抄写、阅读和收藏都不方便，因此就需要分成若干"篇"。每一篇往往是由若干支简编成的一册，然后合为一书，如《论语》二十篇、《孟子》七篇等。

卷轴制度

卷轴制度的书籍，包括帛书和纸卷书两种形式。

继简策和帛书之后出现的书籍形式是纸写本书籍。由于纸张的发明和推广应用，为人类找到了一种最理想的书写材料，这对于促进书籍数量的增加，推动社会文化的发展，具有开创性的历史意义。

虽然在西汉中期就发明了纸张，但是用纸作为普遍书写材料，仍经历了几百年的发展过程。西汉的纸，质量还很粗糙，难以用作书写材料。蔡伦于东汉和帝永元元年（公元 105 年），造出了质量较好的纸，纸张才开始作为书写材料。但是由于人们的习惯势力，简牍和缣帛仍被看作是正统的书写材料，纸张仍未被广泛地使用。除了人们的习惯势力外，当时纸的产量有限、质量不高，也是重要的原因。但是，当时纸的价格毕竟比缣帛要便宜得多，一般中下层知识分子，由于无力用缣帛书写，多采用纸张。

西晋时（公元 3 世纪），左思写《三都试》十年始成，"豪贵之家，竞相传写，洛阳为之纸贵"。这是历史上有名的"洛阳纸贵"的故事，它说明在公元 3 世纪，纸已普遍被用作书写材料，和崔援时代不同的是，不仅贫寒者用纸，即使"豪贵之家"也竞相用纸，说明纸已不被看作一种低级的书写材料了。

东晋元兴元年（公元 403 年），桓玄据有建康（今南京），他下

14

令："古无纸故用简，非主于敬也。今诸用简者，皆以黄纸代之。"这是统治者下令推广以纸代简的最早记载，对于纸的推广应用也起着一定的作用。到南北朝时，纸书已风行全国，简帛已被纸质写本所代替。

从蔡伦造出优质纸开始，纸抄本书籍就开始出现了，《后汉书·蔡伦传》中就说过"自是莫不从用焉"，但当时使用面是很小的。随着纸张产量的增加，质量的不断提高，用纸作为书写材料，才逐渐的扩大应用，经历了几百年的发展过程，纸抄本书籍，才完全代替了简牍和缣帛。

本世纪以来，在我国西部地区不断有古代纸抄本书籍的发现，这些实物进一步证明了自纸张发明后到印刷术发明前，纸张用于书写材料的发展历史。

综上所述，我们可以提出这样的结论：蔡伦改进造纸技术前，纸已开始作为书写材料。随着纸的质量和产量的不断提高，纸作为书写材料越来越普遍。但由于人们的习惯势力，到东汉末年，简帛仍占着统治地位。西晋以后，纸质抄本才逐渐占了统治地位。公元4世纪，纸质抄本已完全代替了简帛。南北朝以后至唐代中期，是纸质抄本书籍的全盛时期。随着社会文化的发展和科学技术的进步，纸抄本书籍已不能满足社会的需要，这就导致了印刷术的发明。

初期的纸写书的形式，完全是模仿帛书的。纸被大量应用后，从抄写到制卷，逐渐改进、发展，形成了一套完整的卷轴制度。所以，这个时期在书史上又称为卷轴时代。

（1）抄写格式和卷轴的制作。

①古代的纸张有一定规格。晋代的纸高二十三至二十四厘米，长二十六至二十七厘米；唐代的纸高二十五至二十六厘米或二十六至二十七厘米，长四十至四十三厘米或四十四至五十一厘米；五代时期的纸，大小规模不等。敦煌书卷实物和宋代苏易简《纸谱》所记，大致

与上述相符合。

②抄写时，第一张纸起首空二行，先写书名，另起一行写正文。每抄完一书，在末尾另起一行再写书名、字数、抄写人姓名、抄写时间、抄写目的、用纸数字，甚至连校书人、审阅人、制卷人姓名也一一附记。敦煌保存的经卷，提供了上述的实证。内容长的书，一张纸容纳不下，再用第二张继续抄写。纸的一面写满后，反过来在背面继续写。据向达《伦敦所藏敦煌卷子经眼目录》的统计，在近五百卷的卷子中，有一百八十多卷是两面书写的。如：一百一十九行的《春秋后语释文》的纸背面另抄写一百八十二行的历书；一百零五行的一卷《切韵》的纸背后继续接抄《切韵》。

③一部用多张纸写完的书，按顺序接成一张长纸。长纸可先写后接，也可先接后写。用纸张和卷的长度视内容多少而定，短卷有两三张纸，长卷有十几张纸、几十张不等。写完书的长纸，从左向右卷成一纸卷。

④为保护纸卷不折皱和损毁，在最后一纸上粘接一根木条，称作轴，可以手执轴，向前舒卷。轴的长度超过纸的宽度，纸卷好后，两头露出轴头。一般用竹木作轴，考究者用各种贵重质料做露在外边的轴头，如象牙、琉璃、玳瑁、紫檀等。

⑤为保护书的内容不受污损，在第一张纸前加粘一空白纸，考究者可用绢、绫等丝织品，称作褾、包头或玉池。

⑥加褾之后，再系上带，将卷子捆扎起来。

⑦为便于书卷的保存，每五卷或十卷用帙包裹起来，或盛之以囊。帙也称书衣，一般用布、帛来做，考究者用更高级的质料做帙。

⑧卷轴的存放方法是在书架上平放，把轴的一端向外，取阅时抽出，归还时插入。为区别书的内容和取阅方便，在轴的一端系上书签，标明书名和卷次。考究者用象牙等珍贵质料做书签。

（2）纸张的修染加工。

古代写书用纸，多经过染色。这样做可能有求美观的一面，但主要还是为使纸不受虫蛀，防止腐朽。早在汉代，宫中就有被称作"赫蹏"的纸，孟康注说它为"染了红色的薄小纸"。三世纪后，普遍用黄纸染纸。晋荀勖整理的汲冢竹书就用黄纸抄清。东晋桓玄下令用黄纸代简。据记载，古代染纸用的是一种叫黄蘗的植物，用黄蘗法浸染纸叫"入潢"或"潢染"。二世纪末叶，刘熙在《释名》中就已把"潢"解释为"染纸"。黄蘗汁色黄，有防虫蛀的特效。以此汁染过的纸略呈黄色。五世纪贾思勰著《齐民要术》中有"入潢"一节，专门叙述了以黄蘗染纸的方法：将黄蘗浸入水中，得新鲜汁液，再将泡过的黄蘗捣碎煮开，倒入布袋，挤出汁液。经过三次捣煮，将捣煮的汁液与新鲜的汁液混合在一起，成黄色液体，用以染纸，可以防虫蛀。敦煌石室保存的唐代经卷，多数是经过潢染后而呈黄色的。这种经过入潢处理的纸卷，保存了一千多年以后，尽管有破损，但纸张完好，无虫蛀现象。宋代的书籍用纸经过入潢处理的减少，但某些卷轴形式的藏经，其用纸仍采用上述方法浸染。随着造纸技术的不断发展，人们开始直接在制纸原料中增加防腐剂、防虫剂了。如宋代以后就出现过在造纸原料中添加红汞来制作防蠹纸的做法。

纸书长卷的制作，需经粘接。古人在粘接书卷的方法上积累了许多宝贵经验。据文献记载，粘接纸是"用古楮树汁、飞面、白芨末三物调合如糊，以之粘接纸接缝"，可"永不脱解"。白芨是一种植物药材，块茎含粘液质和淀粉等，可做糊剂，用它调和的粘糊料，不但能使纸接缝牢固，大概也可以对纸起到保护作用，使之不易腐朽。

册页（叶）制度

唐代发明雕版印刷之时，书籍形制渐由卷轴向册叶过渡。唐代后期出现了经折装、旋风装，不过有的书籍也还用卷轴。所以早期的雕版印刷书籍，不像后世那样单独成页，而是用比后代书版长而窄的长条形木版来刻字印刷，再把印好的印张粘连起来，卷成卷子或折叠成经折装、旋风装。

折叠形制的书籍，阅读或查检虽比卷轴方便，但折叠处容易断裂，断裂后整册书就变成了一张张的散叶，容易弄乱。于是有人想到，既然卷轴和折叠形制的书籍本来就是由一张张的印张连接而成，为什么不可以直接用印张来装订，不再粘连呢？大约从五代时期开始，人们便开始采用散叶装订的形式了，首先是蝴蝶装，后来改用包背装，最后是线装。蝴蝶装出现以后的散叶装订书籍，彻底改变了延续一千多年的卷子式样，是我国书籍制度上的又一次革命。其方法经不断的改进、革新，一直沿用到今天。

（1）散叶上的名词术语书籍采用散页装订法后，刻字版片的式样也随之变化，不仅由原先的长条形变为长方形，还有一套相应的版式，出现一些专门术语。散叶装订的书都是单面印刷，一张纸上印版所占的地方，叫"版面"；版面以外空白的地方，上叫"天头"，下叫"地脚"，左右都叫"边"。版面的四周是由线条拼连而成"版框"，拼成版框的线条叫"边阑"、"阑线"，也省称为"边"、"阑"（"阑"又写作"栏"）。版框上方的边阑叫"上阑"，下方的叫"下阑"，在左右的叫"左右阑"。边阑有单、双之不同：只有一条线的称"单边"或"单阑"，一般用粗线条；在粗线条内侧加上一条细线，就构成"双边"，也叫"双阑"。

雕版印刷的古籍，版框有四周单边、左右双边、四周双边三种形式，一般没有上下双边而左右单边的。版框内，用直线自右至左划分为行，称"界行"或"界格"。正中的一行叫"版心"或"中缝"，不刻正文，有时刻上书名、篇名、卷数、页码、本页字数、刻工姓名等等。

蝴蝶装以后的书籍，版心上往往有鱼尾形的花纹，鱼尾交叉之处，正当版面的中心，可作为书页对折的标准点。鱼尾是全黑的，称"黑鱼尾"；白色的称"白鱼尾"；白鱼尾上加各种花纹，是"花鱼尾"。版心上有时只刻一个鱼尾，叫"单鱼尾"；上下各刻一个鱼尾，称"双鱼尾"，在上的叫"上鱼尾"，在下的叫"下鱼尾"。还有的版心上不刻鱼尾，只有上下两道横线，甚至有连横线也不用的。

古籍采用包背装和线装时，一张散叶沿中缝对折，使两个半页的背面相合，有文字的一面露在外面，这时对折的中缝处在书籍开合的一边，因此也称"书口"。为了折叠整齐，有时书口在上鱼尾之上、下鱼尾之下各印一条黑直线，这是版心线。每页的版心合在一起，从书口上看是黑色的，叫作"黑口"。不印版心线的称"白口"。黑线宽粗的称"大黑口"或"粗黑口"，细窄的称"小黑口"或"细黑口"。在上的是"上黑口"，在下的是"下黑口"。鱼尾和黑口连起来看有点儿像大象的鼻子，所以又称"象鼻"。

蝴蝶装时期的书籍，有时在左阑外上方刻一个小小的长方格，内刻篇名或篇名省称，叫作"书耳"。因为蝴蝶装书籍每页是沿中缝将有文字的一面对折，背面空白处在外，装订时每页的版心在书背一侧，左右阑线在开合的书口一侧，左阑外有书耳，以便查阅。到了包背装和线装，版心转到了书口一侧，并且时常刻有书名、篇名，书耳也就很少用了。

有些书籍在目录后或卷末空白处刻有"牌记"，也叫"书牌"或"木记"。内容一般是说明刻书人、刻书的时间、地点、所据版本等等。牌记的外形多样，一般是一个长方框，坊刻本的牌记则往往搞得比较花哨，有的还加上几句广告式的宣传文字，以招徕顾客。上述刻本书籍版面的种种格式，统称"版式"。不同时代、不同刻书地区、不同的刻书者，其书籍版式往往各具特色。因此在古籍版本学中，了解和研究版式的异同，是鉴定古籍版本的一个重要方面。

（2）蝴蝶装始于唐末，盛行于北宋。前面提到，蝴蝶装的装订法，是每页从中缝将有文字的两个半页对折，背面空白处在外，然后把这样对折的一叠散叶用一张纸从前包到后面，并将各页折口处牢牢地粘连在这张纸上，以免脱落，这样就成了蝴蝶装的书。

蝴蝶装书籍继承了折叠形制书籍翻阅方便的优点，装订成册后又不易断裂、散乱，所以很快成为书籍的主要形制。其所以得名，是因为书册打开后左右对称，犹如蝴蝶展开双翅。"蝴蝶"，古人又常写作"胡蝶"，所以又作"胡蝶装"、"蝴蝶装"，省称"蝶装"或"蝶装"。蝴蝶装用以包裹书册前后形成封面和封底的纸，叫"书衣"（今称"书皮"）。书衣往往内用软纸，外加一层硬纸，有时还用绫锦为表，很像现在的精装书。

书衣封面左边有时贴上张狭长的签条，叫"书签"，上写书名、册次，有时加上卷次。书册的上端叫"书头"或"书首"，下端叫"书根"，右边粘连的一边叫"书背"或"书脊"，左边翻阅的一边叫"书口"。

由于蝴蝶装的书衣都很坚硬结实，所以书上架的方法与今天的书籍相似，是立放在书架上。只不过今天的书籍插立时是书背向外，书头在上，书根向下压在板上，而蝴蝶装的书则是书背向上，书根向外，书口向下压在板上。

北京图书馆旧藏宋代蝴蝶装《册府元龟》和《欧阳文忠公集》，书根上写着书名和卷次，而且是由书背的一侧向书口一侧直行向下书写，书口处又有摩擦痕迹，都是书口向下立放的证明。蝴蝶装在宋代似乎还有不用粘贴而用线缝的。《墨庄漫录》卷四说，"王洙原叔内翰尝云：作书册，粘叶为上，岁久脱烂，寻其次第，足可抄录，屡得逸书，以此获全。若缝缋，岁久断绝，即难次序。"、"他日得奇书，不复作缝缋也。"这里所说的"缝缋",就是指用线缝住单页而成册,其具体方法已不得其详。大概正是因为张邦基所说的缝线断绝后次序容易混乱,当时人较少采用。

（3）包背装蝴蝶装有一个缺点,就是由于每页有字的一面对折在内,空白的背面在外,打开书,往往尽碰上空白的背面。而且读完一页,必须连翻两页,才能继续读下去,也很不方便。于是有人把书叶的背面同背面对折在内,有文字的一面露在外（与后来的线装书各页相同）,再用一张书衣,把折叠好的一叠散叶从前到后包裹起来,就成了"包背装",也叫"裹背装"。包背装的书籍版心转到了书口一侧,一页书版面之外的两个余边粘在书背上。这样,展读时就不会遇到空白,可以逐叶去读而不间断。包背装始于北宋末,经元代,一直沿用到明代中叶。

包背装书籍,书口正是书页的版心,上刻篇名、书名、卷次、页码后,作用如同蝴蝶装的书耳,查阅方便。但如果仍然采用蝴蝶装的插架办法,书口向下压在书架上,经常磨损后势必导致书页从中缝处断裂为两半。这样,不仅版心上的书名、篇名等不可辨识,翻阅和展读时又会像蝴蝶装那样屡遇空白。

因此,人们便改用平放上架的方法,把许多书平叠放置。既然是平放,书衣也就不必用硬质的材料了,这样就出现了软书衣。而书根上的书名、篇名之类,也就由上下直写改为横写,如同后来的线装书一样。包背装的书籍,要想把每页的两边牢牢粘在书背上,比起蝴蝶装更费事。而需要粘连的两个外边,版框外又总有较宽的余纸,因此有人便采用新方法,在余纸上打小孔,一般打二至三个孔,再用纸捻穿进小孔,把一册书订牢。这打孔穿订的一边叫"书脑",外边再用整张书衣包裹起来,外表依然和起初的包背装一样。这种经过改进的包背装,就已经为后来的线装打开了通路。

（4）线装起源于唐末，盛行于明代中叶，是在经过改进的包背装基础上发展起来的。包背装在书背处容易破损，此时仅靠二、三个纸捻，不能把书脑部分压平伏，书脑的上下两角纸张容易卷起，影响外观和阅读。

于是又有人作了改进：在打孔订好纸捻后，另外打孔用线穿订，这就是"线装"。线装书不像蝴蝶装、包背装那样用整张的书衣裹背，而是改用两张半页大小的软纸，分置书册前后，作为封面和封底，与书册一起装订。线装打孔穿线有一定规格，一般使用"四针眼法"，打四个孔。书背厚大的，也有用六针眼甚至更多针眼。无论用几针眼法，都是上下两段的间距最短，中间的几段间距长。

明到清代前期的四针眼装，中间三段的间距大体平均；到清中期，线装书最中间的一段间距缩短；至清末民国时只有上下两个长段的二分之一。线装书书脑一侧的上下两角容易磨损，有些贵重的书籍便用绫锦之类把书角包裹起来，叫"包角"。有时旧书修补或重装，在每页书里衬上一张白纸，叫"衬纸"。衬纸往往比原书纸长大，这样修补或重装的书籍，原书纸一般黄旧，衬底则洁白，黄白相间，人称"金镶玉"，又称"袍套装"或"惜古衬"。散叶装订的书籍，特别是线装书，封面内往往订有空白纸，多的有二至三张，作用如同"赘简"，起保护作用，这称为"护页"或"副页"，也称"看页"。护叶后是题署书名及著作人姓名等的扉页，过去称"内封面"。卷末封底内，也订有空白的护页，过去人所作的题跋，就常写在这页上。

由于线装书都是软书衣，为保护书籍，也为了便于上架收藏，明清以来的藏书家，还常为线装书制作书套，又称为"函"。套函一般用硬纸作衬里，外面裱糊蓝布，里面裱糊白纸，把书籍的四边包起，只留书头和书根，再用两个牙签插紧。有的则把书头和书根也包裹在内，称为"四合套"。书套因为是用浆糊裱糊而成，易被鼠咬虫蚀，日久又易散坏，所以有些人爱用"夹板"，就是用两块与书册一样大小的木板，上下两头各穿上一根带子，把书册夹紧扎牢。现在图书馆及私人收藏古籍，还常用套匣。这种套匣只包裹书册的封面、封底、书头、书根、书背，书口的一面空缺，书籍装套时用夹板或者不用，由空缺的一面装进去，套匣的书背上写书名、卷数、作者等等。线装书本来也是平放架上的，用书套之后，就可以像现代其它书籍一样立放架上，既整齐美观，又便于取用和放还。

如上所述，我国古代的书籍制度由简牍到册页（叶），经历了漫长的历史过程和不同的发展阶段。不同的书籍制度，总是与那一时期人类的文明程度相适应的，书籍制度的发展历程，也同人类文明的各个方面一样，是沿着由低到高、由粗转精的道路不断前进的，其间凝聚着我国历代人民的心血和智慧。由于书籍制度反映并决定着书籍的外部形态，因此可以说，无论哪种书籍形式，在历史上都曾对于记录和交流人类的思想、情感，保存和传播各种文化知识，起过举足轻重的作用，因而对于中华民族几千年悠久文明的形成，也有过不可低估的贡献。

6. 书的种类

教科书

按照教学大纲的要求编写的教学用书，又称课本、教材。按使用对象可分为小学教科书、中学教科书和高等学校教科书三大类。大学教科书内容较为专深，有较高的学术参考价值，常受到各类图书馆的重视。

教科书一般不是原始研究成果，而是对某学科现有知识和成果进行综合归纳和系统阐述，较少作新的探索和提出一家之言。

教科书在材料的筛选、概念的解释、不同观点或学派的介绍，以及学科知识的综合归纳、分析论证和结论等方面，都应具有全面、系统、准确的特征。教科书一般都要经过教育部门审定，经过试用、修订，然后推广使用。

中小学教科书一般强调规范、标准和统一。高等学校的教科书则允许有多种形式，除统编教材外，还可有自编教材。教科书在编排结构上层次分明，按知识体系循序渐进地安排内容，便于学生逐步、系统地接受和掌握知识。

高等学校的教科书一般还列举和推荐相应领域的重要文献，提供丰富的书目信息。

佛书

佛书指与佛教有关之典籍，又作佛典、内典、妙典。反之，佛教以外之典籍称外典、世典、外道书、外俗书。妙典系尊称，尤指一宗所依之经论。随着佛教史之展开与传播地域之扩展，佛书渐次扩大其内容。

佛书通常指所有有关佛陀教说之经论典籍，广义之佛书则包括经、律、论三藏及其注疏、各宗之典籍、史传类、大藏经目录、词汇、行事、寺志及地志等，乃至于依据佛教所写之故事、小说、戏曲、随笔、歌谣等佛教文学。故知佛书一语涵盖极广，然严格言之，应以大藏经圣典为中心，即以经、律、论三藏为主干之印度佛教圣典。

竹皮书

把除去竹心的薄竹皮用火烤过，再刻上文字即成，类似我国的竹简。目前在印度尼西亚的一些地方，还可以买到一串串像百叶窗的竹皮书。

树叶书

在印度、缅甸等国的一些佛教寺庙里，至今保存着这种书。当地人把棕榈、椰子的树叶切齐晾干，两面抄上文字，装订成册，可以长期保存。

钢片书

在巴西的圣保罗广场上，陈列着一部钢片书，共一千余页，重量达三千公斤，全部由不锈钢片制成，上面记载着这座城市的历史。

书的保养

（1）防老化。

书籍的老化变脆，并不在于存放时间长短，而在于如何处理好书页所含的酸性物质。有人发现欧洲在 15 世纪出版的一些书之所以至今保存完好，是因为那时的纸是棉和麻布头制成的，酸碱度为中性，并含有防止酸生成的碳酸钙。

现代社会中书籍的发行量极大，用棉麻造纸显然不可能，因此大都以木材为原料。纸中的植物纤维物受到酸性水解便失去强度和粘合力，而纸中的酸主要来自于给纸上浆的硫酸铝。当纸开始受潮时，硫酸铝开始产生硫酸盐和水合氢离子，最后形成酸性物质，把纸侵蚀掉。

污染空气中的氧化硫和氧化氰也会同水分或植物纤维本身反应生成酸性物。

因此，防止书籍老化变脆，主要是除去纸中的酸。现在最常采用的方法是把书放在碳酸氢镁或碳酸氢钙溶液中浸润，然后晾干。这样做可以去除纸中的酸，并防止以后再发生酸反应。

（2）防虫。

书籍上有时生长小虫子，严重危害了书的使用寿命。防止生虫的方法是：

①藏书要清洁干燥，通风良好；书架、墙壁或地板上都不要有

裂缝；

②藏书的温度应该经常保持在六到二十度，湿度应该经常保持在百分之五十到六十之间；

③收藏的书籍要经常挪动一下，即使是不常用的书籍，也应该定期翻动；

④在书架上或书柜中，可以放些包好的卫生球。

（3）除污。

书籍沾染污迹，不仅会缩短书的寿命，而且还会影响看书的效果。除污的方法是：

①除油迹。在油迹上放一张吸水纸，用熨斗轻轻地熨几遍，便可以把油分吸尽。也可以用几滴汽油和氧化镁的混合剂擦除。

②除墨水迹。在染有墨水迹的书页下边，先垫一张吸水纸，再用20%的双氧水溶液或高锰酸钾溶液浸污斑，然后在书页上边放一张吸水纸，并压上重物，等干后墨水迹就会消失。如果用高锰酸钾溶液时有褐斑，可以再用草酸或柠檬酸溶液除去。

③除霉斑。用棉花蘸上氨水，轻轻地在霉斑上擦拭，至除净为止。

④除手指印。先用肥皂蹭去手指印，再用湿布擦去肥皂迹，最后在书页间衬上吸水纸，把水吸干。

⑤除苍蝇便迹。用棉花蘸上醋液或酒精，在苍蝇便迹上轻轻擦试，至除净污迹为止。

综合保养：用水轻轻涂在书封面上，有利于书保存（只限于纸质书皮）。

对于其他的一般污迹，只要用肥皂细心擦拭，再用湿布擦去肥皂，然后在书籍上衬上吸水纸吸干水分，就可以收到比较满意的效果。

7. 世界上最有影响的书

人类文明的精华主要是积累在图书馆里经过历史筛选的名著里。看名著会使人养成高级的文化心态和深邃、沉稳、虚怀若谷的胸怀。现将本人阅读过的对世界历史上有影响的十部书向读书爱好者们推荐。

（1）《君王论》，尼可罗·马基雅维利著（意大利）。该书分26章，研究如何获得权利和保护权力，并以历史上的君王为例进行阐述。书里所阐述的君主统治和政治权术的理论，即"马基雅维利"主义，成了后世一切统治阶级巩固其统治的治国原理。

（2）《天体运行论》，波兰天文学家尼古拉·哥白尼著。该书建立了当代天文学的理论基础，开辟了人类天文学的新世纪。

（3）《血液循环论》，英国医学家威廉·哈维著。哈维在该书的序中写道："我信奉不是从书本，不是从哲学家的观点，而是从自然结构里学习和讲授解剖学。"哈维以这一科学方法论为指导，批驳了有关心脏、动脉、静脉和血液等流行的错误观点，论证了自己的血液大循环理论。

（4）《自然哲学的数学原理》，英国物理学家牛顿著。书中提出了牛顿的运动定律，从而开始了一个新的科学发现的时代。该书是第一次科学革命的集大成之作，被认为是古往今来最伟大的科学著作，它在物理学、数学、天文学和哲学等领域均产生了巨大影响。

（5）《常识》，托马斯·潘恩著。在人们的君主制观念还根深蒂固时，该书号召人民争取独立、自由。美国独立战争起初并不是目标明确的一场战争，潘恩的《常识》首先喊出了美国独立的声音。

（6）《国富论》，英国经济学家亚当斯·斯密著。该书比较全面地总结了资本主义发展初期主要发达国家资本主义发展的经验，批判地吸收了包括重农主义在内的许多重要的经济理论，在人类历史上第一次对社会经济生活进行系统地分析和描述，使经济学成为一门独立的学科，该书也因此成为了现代西方经济学的奠基之作。

（7）《黑奴呼天录》，美国女作家斯托夫人著。该书大量描写黑奴在社会当中的生活情景，和那些人口商人为了自己的利益把黑人家族迫害的家破人亡。这是一部揭露奴隶制度的小说。

（8）《物种起源》，查理斯·达尔文著（英）。该著作批判了创造论的错误，阐明了进化论的思想。达尔文的学说是人类对生物界认识的伟大成就，给形而上学、神造论和物种不变论以沉重打击，在推动现代生物学研究的进展方面起了巨大作用。

（9）《资本论》，卡尔·马克思著。该书从商品分析出发，提出了劳动价值和剩余价值的理论，采用辩证唯物主义的分析方法研究资本主义社会。《资本论》发表一百多年来，世界情况发生了巨大变化。

（10）《海军战略论》，美国海军军官和历史学家阿弗雷德·马汉著。该书论证了强大海军对保卫国家主权的重要性。无论什么国家，若要想在世界事务中起重要作用就一定要控制海权。"海权是统治世界的决定因素"在两次世界大战中得到了证实。

1. 读书的重要性

没有规矩不成方圆，说的是方法的重要性。不言而喻，没有规矩，无法画出准确的方和圆。同样，没有正确的读书方法和技巧，也不能提高读书的效率，甚至无法把书读好。读书是学习并获得间接知识的非常重要的途径，是把别人知识转变为自己知识的过程。因此，读书是获取智慧的重要来源。只有讲究科学的方法和熟练的技巧，才能提高读书的效率，获得更多更新更有价值的知识。

古今中外，许多杰出的哲学家、科学家、艺术家、作家和其他学者专家在读书时，都是很讲究读书的方法和技巧的。他们中间的一些人还就读书的方法和技巧写下了许多很有益的文章。事实证明，凡是读书有成效的人，都很重视读书的方法和技巧。

不同的书有不同的读法。有些书思想博大精深，需要精读，反复琢磨，细细体会；有些书思想非常浅薄，只要粗读浏览就可以了；有些书是精华与糟粕混杂在一起，就需要在阅读时去粗取精、去伪存真；有些书中充满了错误的观点和不合逻辑的论证方法，那就要进行批判的阅读；有些书的内容低级下流，根本没有必要去阅读。有些人提倡"开卷有益"，认为什么书都可以看。其实，开卷有益必须以正确的读书方法为前提。只有讲究科学的读书方法，才能做到开卷有益。

2. 书本的选择

每一个人的时间和精力都是有限的，而书籍的数量是非常庞大的，相对于个人来说，可以说是无限的长河。现在，没有任何一个人敢夸下这样的海口：在一生之中把所有的书都读完。外国的书籍暂且不说，就拿中国的书籍来说吧，可谓浩如烟海。从先秦到清朝末年，有书 *191755* 部，按卷说是 *2367146* 卷。自 *1949* 年至 *1980* 年有书 *127402* 种，计 *670* 亿多册。现在，每天有 *6000* 至 *8000* 篇论文发表，每隔 *20* 个月论文数目就会增加一倍。每天出书上万册，目前是每三年增加一倍。

如果一个人整天读书，每天读 *10* 册，那么他一生也无法把全部的书读完。可见，读书不选择是不行的。因此，每一个人都必须结合自己的工作和需要挑选应该读的书。即使是和自己专业、工作有关的书，一生也是无法读完的，因此还需要挑选、挑选再挑选。要挑选那些有价值、有益的书来读，要读那些为之倾倒的书。至于那些平庸无奇的书，低级趣味的书，根本不值得一读。

3．读书要联系实际

自古以来，就有两种根本对立的读书法：死读书法和活读书法。所谓死读书法，就是盲目崇拜书本，认为凡书上讲的都是对的，闭眼不看现实，脱离实际，其结果是死读书，成为书呆子。所谓活读书法，就是在读书时立足于现实，密切联系实际，有分析有批判地读，能做到去粗取精，去伪存真，有所发现，有所应用。很显然，前者是错误的读书方法，后者是正确的读书方法。读书之所以一定要联系实际，乃是因为：

（*1*）要把书上的知识变为自己的真知灼见，就必须把书上的理论知识同自己的经验相结合，变成完全的知识。只有书本知识，而不同自己的实践经验相结合，那么这种知识是片面的、无用的。陆游说得好："纸上得来终觉浅，绝知此事要躬行。"

（2）书上的知识是否正确，是否真有道理，必须到实践中去检验。为此，必须用书上的知识去联系实际。一般地说，如果联系实际成功了，那就证明它是科学知识；如果联系实际失败了，那就证明它不是科学知识。

（3）读书的目的在于应用、指导生活和实践，读书不联系实际，是没有任何作用的。联系实际读书，读书又要联系实际，这是行之有效的读书方法。

4. 读书时间的安排

马克思说："时间是人类发展的空间。"在现在社会里，时间比过去任何时代的都更为宝贵。会不会管理时间，是判别一个人是否成熟的重要标志之。怎样科学管理时间呢？

节省时间

"一切节约，归根到底都归为时间的节约。"从时间中节约时间，主要方法是：

（1）安排时间先问三个能不能。

①能不能取消它。一个人的时间和精力是有限的，不可能什么都去做。所以节制一下过于广泛的兴趣、过于广泛的交友是十分必要的。对那些完全不必去做的事、不必见的人，应该决然取消。对做不做无妨的两可间的事情，为了节省时间，亦可不予安排。

②能不能合并起来做。把能合并起来办的事、见的人，尽可能合并起来办，做到一举两得，两全其美。比如用洗衣机洗衣时，可同时

洗菜、做饭；排队买菜时看报刊杂志；看电视时打毛衣；散步时交谈；旅游时观察等等。

③能不能代替它。用费时少的办法代替费时多的办法。一个人能办的事，不要派两个人、三个人去做；了解一部名著的内容和情节，可以看一部电影或一本连环画，而用不着去看原著；利用电视、广播、报刊、电话等传播工具了解信息等。

（2）利用时间先抓三个快不快。

①节奏快不快。调节频率，加快节奏，可以节省时间，提高效率。

②动作快不快。动作的快慢决定着所用时间的长短。有一个笑话说：一个闲来无事的老太太，为了给远方的孙子寄张明信片，可以足足花上一整天的时间。买明信片要一个钟头，寻眼镜一个钟头，查地址一个钟头，写信一个钟头，上街投邮又是一个钟头。一个动作迅速的人5分钟可以办完。

③进展快不快。我们讲新的时代观念、时间观念和节奏观念，都是为了提高办事的效率。如果一个小时办完了需要两个小时办的事，其进展速度就提高了一倍。在有限的时间内办成更多的事情是很有意义的。

挤时间

鲁迅先生把时间比作海绵里的水，只要挤，总会有的。在快的生活节奏中，在繁忙的工作中，怎样才能挤出时间来呢？

（1）化零为整凑时间。要想成为时间的富有者，首先要学会化零为整，善于把时间的"边角余料"和"零碎布头"拼凑起来，充分利用，这就要做到：

①切莫小看几分钟。一个叫雷曼的学者说："每天不浪费或不虚度或不空抛剩余的那一点点时间，即便只有五六分钟，如得正用，也一样可以有很大的成就。游手好闲惯了，就是有聪明才智，也不会有

所作为。"毛泽东同志的很多著名诗篇是在马背上哼成的。奥地利音乐家莫扎特，常常利用理发的时间考虑创作，每当理发师把围裙一解，他就立即要来纸和笔，把理发时考虑好的乐谱记下来。

一个人的时间无论怎么紧，在等车、理发、做饭、哄孩子中挤出三五分钟时间还是可能的。

②空余时间不能丢。晋朝著名书法家王羲之经常利用饭前饭后的时间来练笔。我们每天饭前饭后空余时间也都可以利用，长期坚持下去，就能得到不少时间。

③早晚时辰要利用。我国东汉学者董遇，治学善于抓三余："冬者岁之余，夜者日之余，阴雨者时之余。"他利用这三种空余时间读了好多书，我们如果能多利用点早晚时间学习是最好不过的事情。

（2）设法简化生活，腾出空余时间。一个有志于求知上进的人，一般不沉醉于繁琐的生活，也不热衷于迎来送往。作家端木蕻良，曾有贴诗谢客的佳话，为的是杜绝来客的无谓干扰。居里夫人为了腾出时间从事科学研究，她尽量缩短搞卫生的时间。这些名人之所以采取这些办法，不是不要友情，而是避免时间和精力的无畏消耗，这对我们当代青年来说，其精神是值得效法的。

（3）善于利用假日，巧妙安排时间。按照国家规定，每个职工每年有节假日 110 天，加上休假，一年共有 130 天左右。巧妙利用这整段时间，也就是利用了人生的七分之一。数学家科尔解开 "267 – 1" 是质数还是合数的数学难题后，有人问他花了多少时间。科尔的回答是："三年内的全部星期天。"瞧，这三年的星期天该是多么有意义啊！

5. 读书的意义

能力，指一个人解决问题、谋事成功的水平。有技术、专业、学术、艺术方面，还有生活、工作方面及政治、军事、经济等方面之分。能力大小，因人而异。一个人能力平平，必然反映出他是限制了个人聪明才智的发挥，这样很难实现较高的人生目标。一个人能力较强或者很强，则个人发展一般总比别人略胜一筹，甚至达到谋事得心应手，容易取得事业成功，实现个人对国家、社会贡献。

不管我们看得到看不到人与人之间存在区别，我们终将是在无法超越自身能力差异中营建个人生活，构筑社会人生。不能要求单个的人百分之百获得所有能力，古今中外再强的伟人也无一例外，但每一个人起码应自觉具备几个别方面的一些能力，并努力扩展一些方面，使之获得较强更强的能力。这是国家、社会对公民个人发展的要求，同时也一定是每一个人藏于内心一种真实的期盼。

阅历，指一个人接触事物的众寡和经历世事的多少。如启从父亲禹那里直接学到治水技术；李白、杜甫游历名山大川，科学家考察神农架、南极，老总和相关项目人到欧美、澳大利亚考察市场和经济，还有我们更多的普通人，结婚、离婚、生子、教子，邻里口角复和，为生计忙于奔波，挨过饿、受过骗、甚至蹲过狱等，都是一种关于人们直接经验的阅历。学校教育阶段坐在课堂上向书本学习，走上社会后结合生产生活方方面面，并运用多种方式，继续向书本学习，这是人除直接经验外可叫做间接经验的一种阅历。

习惯上来讲，阅历不包括学历，因为学历有它的特指，指一个人是初中生、高中生、学士、硕士、博士后等。还有资历，它评价一个人定向性和规定性的经历资质，也不单纯等同于习惯所称的阅历。从现实区分和不同评价需求看，阅历、学历、资历三者可以而且应该有其特指，但从一切经验、历练、看书、学习，都有利于提高人的能力来看，暨为了更好认识能力的前提准备与能力的实际形成，我们有理由并完全可以把直接经验、间接经验并其中有关一些表述，都归纳称之为同是人的一种阅历。

我们重视把人的阅历与能力联系起来加以考察，是因为人有那些方面的阅历，就有可能造就那些方面的能力；阅历达到什么程度，能力可能就达到什么程度；较为单一或极小局部的阅历，就有可能形成较为单纯或薄弱的能力；一个人经历世事多，肯读书、善学习，就有可能获得一种较精明强干或出类拔萃的能力。

人们听得多了，看得多了，处得多了，干得多了，跑得多了，即直接经验多，自然增长见识，就会促进能力形成。但直接经验，从依靠全身各感觉器官与大脑建立神经性活动开始，虽然感知内容鲜活、形象直观，但获得的经验往往不精准，很难建立严格的科学概念，把握到事物的本质。这有如一个人玩尽天堂、跑遍全球、经历无数，但如果不开发大脑高级思维，即梳理经验的思想，激活知识的思想，积极参加与对感知内容作出进一步的加工、综合、提练，仍然很难促成感性认识向理性阶段升华。

间接经验，它大量获得文字感知的第一手材料，虽不那样生动直观，但其了解之多、时空无限，现实世界有限的直接经验根本无法与其比拟。特别是文字感知，思想本身就是"器官"，较早介入对他人已经历过不少次甚至无数次的高级思维抽象的感知内容进行再加工、再综合、再提练，不但会学识较丰富，概念体系较系统科学，而且，能加快把握到事物本质，实现个人感性知识向理性升华。

优秀的直接经验与丰满的间接经验交互作用，最后获得大脑智慧更高级。有如曹雪芹所说，人情"练达"便文章，世事"洞明"成学问；培根所说，"知识就是力量"。经验，知识，智慧经过理性的自由王国转化、外化，转变成一种伟大的力量。

无论从哪一方面看，丰富书本知识的阅历，以强化知识储备来提升我们的能力，作用是显而易见的。

肯读书、善学习，包括阅读大量的文学作品，更包括通读或精读哲学家、思想家探究自然、社会、人生的著作，还有指导我们生产生活的科普学类读物和专业技术类读物，政策汇编，法律读本等。日常生活中，即使空下来，我们同时亦注重从网页专辑、电视讲座、专家辅导报告这些生动再现文字思想、形象图解书籍成果的多种形式和载体中获得有益学习，并恒久坚持。有条件时，动脑结合动手，理论结合实践，如此循环往复，终有那么一天，我们会突然发现，过去，我们内心还多少有那么一些私心；现在，已是较多或更多觉得，人要学会站在对方的角度看自己。

如果说，把油、盐、酱、醋即家庭生活打理得好点再好一点，是我们不想排斥的；对国家社会所作贡献大点更大一点，是人应该自觉追求的。那么，为使我们获得一种较高更高的人格修养，较高更高的理论水平，较高更高的专业水准，较强更强的行为能力，我们没有理由拒绝读书。

国学大师季羡林说过：天下第一好事是读书。因为人类保存智慧只靠两端，一是实物，一是书籍。人类社会之所以能永无止境地向前发展，是因为人能够看书又能够写书。温家宝总理在 2009 年 4 月 23 日世界读书日视察国家图书馆时亦曾说过类似的话：一个不读书的民族是没有希望的民族。从社会学的意义上说，只有不读书，没有死读书。某些接受程度、通融程度较慢较弱，或暂时缺乏条件证明知识物化结果，绝不是一种可以与庸碌之辈游手好闲，不务正业等同起来看的人生消极行为。

6. 读书资料的运用

古今中外，大凡在事业上有建树的人都善于积累资料。马克思在动手写《资本论》之前，作过摘要的成册书籍就有 1500 种以上，经系统整理后的笔记就有 250 多本。法国科幻小说家儒勒·凡尔纳每研究一个科学问题，总是事先收集大量资料。他去世后，人们在他书房中现他亲自摘录的笔记竟达 2.5 万本。

怎样积累

人们常用的积累资料的方法，不外乎有以下三种：

（1）剪贴报刊。

现在报纸、杂志很多，各方面的资料都有。经常剪贴报刊，搜集自己所需要的资料，数年之后就可积累数万以至数十万的专题资料。这是一种花费时间少、简便易行、收效较大的方法。陶菊隐在北洋军阀统治时期，经常剪贴纸上的军政新闻资料，积累大量各派系军阀活动的史料。他的《袁世凯演义》正是在研究这些资料的基础上写成的。

（2）抄录卡片。

当我们阅读书报杂志时，随手用卡片或纸片摘录材料，注明作者、书名、篇名、报刊名称、出版年月。卡片积聚起来，再分类储存在卡片箱内或抽屉里。分类卡片按门类、笔画或拼音字母排列，查找起来十分方便。当然也可以按自己研究的课题设置专题卡片。茅盾在商务印书馆工作时，根据"阅读有所得唯恐遗忘，赶快写在纸片上"的经验，搜集了大量的资料，为创作《子夜》等名著提供了素材。古人在这方面的例子更多，陶宗仪的《南村辍耕录》是一部学术价值很高的著作，这就是他利用零碎时间积累的十几坛子纸片（卡片）资料整理撰写而成的。

（3）背诵重要资料。

著名史学家吴晗，强调学古文至少要背诵二三十篇。古代学者能背诵《史记》、《汉书》重要篇章的不乏其人，李白、苏轼等大诗人、文学家，不仅才华出众，而且善于刻苦学习。他们熟读经史和先秦诸子，背诵汉赋，因而写文章作诗赋，用典故才能恰当自如。古人所说的"博闻强记"、"过目成诵"，就是赞赏那些记忆力强又善于用记忆方法积累资料的人。

怎样消化

资料不仅要积累，还要进行消化。所谓消化资料，就是对资料进行分析研究，经常进行归纳整理。在积累的基础上消化，在消化的基础上积累，如此循环往复，可以使自己的知识逐渐丰富，触类旁通。消化资料有两种途径：

（1）写读书笔记。

在阅读有关资料时，随手记录自己的心得体会，这是消化资料融会贯通，从而进入创新的起点。古往今来，许多学问家是通过做笔记而成才的。顾颉刚少年时期患神经衰弱症，记忆力不大好，他发愤读书，勤记心得笔记，每天写数千字，他一生留下的笔记有五六百万字之多，后来整理出版了《史林杂识初编》。

（2）系统学习有关学科的专业知识。

缺乏系统专业知识，往往看不到资料之间的联系。孤立起来观察资料，只见树木不见森林，只有掌握了某一学科的基础知识，我们才能正确地分析研究自己积累的资料，找出它他们之间的内部联系，得出科学论断，这就叫做有了"独到见解"了。

怎样运用

积累了资料之后，还须善于运用。丹麦天文学家第谷，用 30 年功夫，精密观察了行星的位置，积累了大量的观察资料，由于短于理论分析，得出了"太阳——地球双重中心说"的错误结论。可见，对详细占有的资料还必须进行由此及彼、由表及里、去粗取精、去伪存真的科学加工，才能有所创新。那么，怎样运用资料呢？这里提供三种方法：

（1）分析综合法。

把大量零散的资料积累起来，作成卡片，编排在一块，运用分析和综合的方法作出判断。运用分析综合法，常常能从细小的、点滴的资料中把握事物的全貌。

（2）比较鉴别法。

采用比较的方法处理资料，往往可以抓住事物的共同点和区别点，从而得出新的发现。

（3）追根寻源法。

一篇有价值的研究论文，往往要提到其他文章或运用其他资料。而有些资料常常是用脚注或附录的形式来说明其来源的，如果我们善于追踪寻迹，就可得到更多的有价值资料或发现新的研究课题。例如，我国科学史专家潘吉星在研究中国造纸技术史时，偶然查阅到两位日本学者在介绍欧洲汉学发展的著作中，曾提到流传在欧洲的 18 世纪法国出版的三版有关中国的著作。顺着这条线索，潘吉星查找到了这三部书的法文原著，进一部掌握了丰富而有价值的史料。

总之，我们既要重视资料的收集和积累，也要重视资料的整理、消化和运用。

7. 选择学习参考书

新学期开始，不少同学为了使学习进步更大，都希望多买些学习参考书。新华书店的中小学教育书籍专柜中参考书那么多，究竟挑选哪一些才合适呢？选择参考书必须要有一个明确的目的，因为参考书总是有一定针对性的，每一种书所起的作用不同或不尽相同，究竟需要补充哪一方面知识呢，需要得到哪一方面帮助呢？应根据不同的需要选择不同的参考书。

（1）有综合性的，也有专题性的。

前者全面地向学生提供某一科在某一阶段的重点内容，如《小学语文四年级学习内容提要》、《中学数学复习大全》，等等。后者向学生提供的则是某科的某一方面知识要点，如语文，或侧重于阅读，或侧重于写作；如数学，或侧重于几何，或侧重于代数。

（2）有提供学习资料的，也有组织训练自测的。

前者侧重于掌握知识的辅导，如各年级学生优秀作文大全以及各类词典，升学试题解答，等等。后者侧重于培养能力的指导，如各年级的阅读系列训练、写作系列训练、数学标准化测试、数学单元自测。

（3）有归纳知识的，也有解疑答难的。

前者如《语文词语汇释》、《文言文知识大全》、《英语语法表解》，这类参考书的作用在于帮助学生复习巩固学过的知识，使所学知识系统化。后者如《语文单元阅读指导》、《英语常用同义词辨析》、《数学难题例解》，这类参考书的作用主要是辅导学习新知识、解决学习中遇到的疑难问题。

以上的分类是粗略的，究竟需要哪一本或哪一种要根据个人的具体情况而定，也就是根据目的、需要而定。

选择参考书，还要注意比较。现在同种类的参考书实在不少，例如，仅是小学数学单元自测就有好几个版本。比较时侧重注意以下几点：

注意参考书编排的体例。例如，有的自测题是有答案的，有的是没有的，各有好处。究竟哪一套合适你，选书时可以看看"开头语"及目录。

注意参考书的版本。由于不同年度的课本有的会有变动，所以买书时要注意所选的书是否和自己所用的课本相一致，选书时可以看看出版印刷的日期。

8. 工具书的利用

怎样利用工具书呢？下面举例供你参考：

（1）查找常用字，可用《新华字典》、《同音字典》、《汉语常用字典》。

（2）查找冷僻字，可用《现代汉语词典》、《中华大字典》以及《古汉语常用字字典》。

（3）查找现代词语，可用《现代汉语词典》、《新华词典》。

（4）查找古代语词，可用《辞海》、《古汉语常用字字典》、《辞通》、《联绵字典》等。

（5）查找文言虚词，可用《文言虚字》、《词论》等。

（6）查找成语典故，可用《汉语成语词典》、《常用成语典故选释》等。

（7）查找马列著作篇名、文句以及诗词文句出处，可用《马克思恩格斯全集目录》、《辞海》、《古代诗词曲名句选》等。

（8）查找地名，可用《辞海》、《中国古今地名大辞典》、《世界地名词典》等。

（9）查找人名，可用《辞海》、《中国人名大辞典》、《中国历代名人辞典》等。

（10）查找历史事件，可用《辞海》、《简明中外历史辞典》等。

（11）查找职官名，可用《辞海》、《辞源》等。

（12）查找学科名词术语，可用《辞海》、《简明哲学辞典》、《政治经济学辞典》等。

（13）查找图像，可用《辞海》、《外国名作家传》等。

当然，还有许多专业工具书，可根据各自需要掌握使用。

9. 读书笔记的写法

积累资料的方法人各有异。但最基本的和常用的莫过于做笔记。笔记可不拘体例、不限长短、内容庞杂、形式多样。然而主要有这样4种方式：

（1）摘录式。

这是使用最多的一种方式，主要摘录书籍、报刊、杂记、调查报告、文书档案中与自己学习钻研内容有关的原始材料。比如你自修文科，便可摘录有关的学习资料、重要文章、警句格言、词语典故等；如果学理工科，就得摘录有关文献、重要的结论与证明、独特的技巧，等等。这样便可备你不时之需。

（2）提要式。

即看完一本书或一篇文章，对文中的某一观点、事件、情节或某一章节、定理等，进行分析、归纳，用自己的话把其内容、要点写出来。这不仅可备忘、备查，而且可训练你的综合概括能力。列宁的哲学笔记，有很多就是采用的这种形式。如《黑格尔〈逻辑学〉一书摘要》、《亚里士多德〈形而上学〉一书摘要》等著作。而且他对摘录内容，还往往写出自己的意见、批评或注释，以及自己独创的符号和评注。比如"注意"、"说得对"、"辩证的精华"等揭示性简明字样，明确地表明了列宁对某段论述的意见或批评。

提要应力求简明扼要、脉络分明，最好以某一主线展开。如历史可突出主要人物及其作用、重大事件及其影响，也可用列表法使其内容一目了然。

（3）心得式。

记下的是对某一问题思考的心得。如李贽的《史纲评要》、脂砚斋的《重评石头记》，皆是这样的著作。心得也可以是札记、体会。札记多为旁征博引、辩证考订；体会多为引申阐发、借题发挥。沈括的《梦溪笔谈》、茅盾的《读书札记》、马克思的《数学手稿》就是用的这种方式。这是写笔记的一种高级形式，要求有更多的个人创见，难度也较大。但它却是创造的半成品或完善的精制短篇，一旦需要时，就可组织起来使之成为有价值的作品。

写这类笔记，要特别注意捕捉生活中的火花。自修理工科则应注意抓住学习研究中所碰到的难点和问题。有些重大发现，往往是由一个简单的疑问开始，经过冥思苦想或从某一点上受到启示的。对任何一点良好的思索，哪怕是一丁儿点都不应放过，并把它及时记下来，很可能成为你作出成就的关键。

（4）索引式。

即写下有关的论文题目或书名等。在学习中可能经常会碰到这种情况，看到某些东西感到十分有用，但内容却太多，上面这三种笔记法又都不易采用。或者是这个内容，你本身就有这本书，所以也不必采用上述方法，但是往往到要用这内容时，你却忘记了或找不到了。诸如此类问题，只要搞好索引，便可顺手拈来。自学成名的史学家陈垣曾说："教学和研究要从目录学入手"，"目录学就好像一个账本，打开账本，前人留给我们的历史著作概况，可以了然"。所以，平时应把所有的资料按照内容本身的性质搞出一个索引来，以备查用之便。

上述4种写笔记的方法，可视各人的爱好、条件而定。至于书写格式，记在笔记本、活页张、卡片、纸条上均可。如果是自己的课本、书刊，那么写在天头、地脚、篇末、段尾都行，也可在书中作些符号或标记。总之，各种方式均有所长。但从使用价值来看，采取做资料卡片的形式更好些。做卡片请你注意：每张卡片最好只写一个问题，一个事例。这样既灵活，又不乱，便于分类整理装订成册。每张卡片须注明资料来源、书名、篇名、版本、卷首、页码等，便于查找。

10. 提高阅读速度的技巧

阅读时切忌出声。人的发音器官的运动速度比眼睛和大脑的运动速度慢得多，如果读出声就会降低阅读的速度。

要学会找"提前量"。"提前量"就是眼睛看书的速度要超过大脑思维的速度。在大脑消化、处理眼睛传来的信息时，眼睛已经在识别新的信息了。

要一段一段地看书，不要一字一字地看书。一段一段地看书，使字变成句子，意思比较完整，简化了大脑整理和贮存信息的过程，加快了阅读速度。

一目十行。在阅读不大重要或比较熟悉的地方时，不必逐句逐字地读，可以略读，只要知道意思就行了。

请教工具书。在精读较为重要的材料时，遇到生僻的字、词、概念、公式等，随手就可以从工具书中查到，可以节约很多时间。

先读头尾。在读一般论文时，可先读文章的头尾。弄清文章的结论和主题，使阅读的思路清晰，便于理解文章内容，可提高阅读速度。

11. 人体的"生物钟"和学习

什么叫"生物钟"？简单地说，就是在生物体内，每隔一定时间发生周期性变化的规律。人体"生物钟"规律，是不受大脑支配的。它是亿万年生物演化进化的结果。比如，一个正常的人，不必看钟就知道吃饭和睡觉的时间是否快到了。人们感到饿或困的时候，总是非常接近正常的就餐和睡眠的时间。早晨，即使没有任何外界刺激，人们也会在一定的时间醒来。科学家证实，人体存在着一个人33天的智力变化周期，在两个周期交接时，人的智力下降，人容易激动，工作易出错。发生口角、车祸、工伤大多集中在这一两天。确定这个周期的时间，在国外已经是很容易的事了，许多人这一天胸前挂上鲜艳的小牌，提醒同事帮助自己避免错误。我们应该注意自己的这一周期，利用这一规律，在每周期的智力高峰时学习，就会事半功倍。另外，由于长期的每星期的休息制度，人们还形成了每星期的智力周期。在美国，是星期六、日休息两天。人们购买汽车，总是争取买星期二、三、四生产的。因为星期一和星期五临近休息日，智力有下降的趋势，容易出次品。在一天之中，人的智力也是存在周期的，早晨和晚上8到10点最高，上午次之，下午又次之，最差是黄昏。

一些好学的青少年往往忽视"生物钟"的存在，把"头悬梁，锥刺股"当作成才的唯一途径，晚上"攻关"到一二点，由于生物钟作用，智力下降，使效率显著下降。第二天整整一个上午昏昏沉沉，始终达不到最佳智力状态，午后和黄昏又加紧学习，无奈已进入智力低潮，影响晚上的学习效率。一个青少年，如果长期破坏"生物钟"规律，不可避免地会导致失眠和神经衰弱。每年高考前，总有一些考生由于神经衰弱而无法投考；每年大学新生入学后，又总有一些学生因神经衰弱而休学，这是需要认真记取的。"悬梁刺股"其实就是和生物钟规律作"顽强斗争"，短时间作用一下，还可以有点功效，长期使用就要付出高昂代价。

在学校，往往可以发现一些刻苦的学生，成绩平常；一些蹦蹦跳跳的学生，反而成绩优秀，人们往往认为前者笨而后者"天分高"。其实，这和"生物钟"规律很有关系，前者由意志控制学习时间，经常破坏生物钟规律；后者往往比较任性，困了就休息，精神来了就学习，较好地利用了智力高峰。

学习成绩是和高效率的学习时间成正比例的。一些国家领导人和科学家在工作之余，总是抓时间洗澡、散步、打球、听音乐、跳舞、绘画和练书法，就是为了休息，使"生物钟"得到正常工作。

12. 读书内容的巩固

练习是使知识内容得到深入理解和灵活运用的一个重要环节。怎样进行练习？这里提供几类有效的方式。

适度练习

如有一段文章，在反复学过五遍后恰好能把它准确无误地回忆起来，若继续学习第六遍、第七遍，就是"适度学习"。实验表明，"适度学习"会提高知识的熟记程度，是一种有效的练习方式。但"适度学习"也是有限度的，并不是练得越多越好，练习过度，出现"报酬递减率"，那就得不偿失了。再拿上述这段文章来说，如果第十遍练习比第九遍练习的效果要差，那么第十遍练习就显得不必要了。这是因为厌烦的心情妨害了它的效果。"适度练习"不仅能巩固知识，而且还能加深对知识的理解，培养运用能力。

尝试回忆式练习

这种办法的具体做法是：在初读学习材料一二遍后，合上书本，回忆这段学习材料的内容，能回忆出多少就算多少，然后又打开书本，再看学习材料，看完后又回忆。如此反复多遍，从而达到"超额练习"的程度。这种方法比那种把学习材料一遍又一遍地看、读的方法要有效得多。

（1）尝试回忆时，调动大脑进行积极思考并组织学习材料，提高了用脑效率。

（2）尝试回忆后，有些东西回忆不起来，就会激发你进一步学习的欲望；有些东西回忆起来了，你就在心理上得到一种成功的慰藉，提高了学习兴趣。

（3）尝试回忆后，再打开书本进行下一遍学习，你就会清楚地知道，哪些东西已经熟知，哪些东西尚未清楚。

自问自答式练习

学习了一段材料后，清楚地理解这段材料讲的是什么问题，然后将这些拟为与试题、作业题一样形式的问题，或者拟写如细分的标题一样的提纲，然后又用这段材料来回答它们，或充实提纲应包含的内容。这一切，可以整理并记录在笔记上，也可在书的空白处写下问题题目或标题式的提纲，并在书本上划出有关的内容。这种方式，也可以说是在有提示条件下的一种尝试回忆式练习。以后每当复习这段材

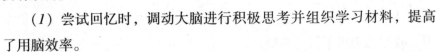

料时，先看书中空白处或另记在笔记本上的题目或提纲，回忆它们所包含的内容，然后再看这段材料，找出尚不清楚或未记住的内容进行进一步的学习。

部分法、全体法、综合法练习

对不同的学习材料应采用不同的学习方法。

（1）对于本身彼此没有意义联系的材料，采用部分法，即把要学的材料分成几个小部分，然后分别来记忆它们。最好采用累进的步骤：学习熟记第一部分，在进入第二部分学习时，回过头来迅速复习一下第一部分；在学习第三部分之前，又回顾一下第二部分，逐步推进。你若要记住一百个英语单词，不能把这一百个单词作为一个整体一遍又一遍地记，而应将它们分成五个或十个单位分别去记。

这种方法有两个优点：能集中精力反复学习，可以及时知道学习的进展情况。通过尝试回忆，发现错误或遗漏，及时纠正。可以根据这些划分成小部分的材料的难易来分配时间与精力，难的材料多用功，容易的材料少费力。

（2）对于学习材料本身彼此相互联系的一个简短的内容，可采用全体法学习。就是将这个简短的材料作为一个整体，一遍又一遍地学习，直到熟记为止。不能采用部分法，将这段材料生硬地割裂开来。

（3）对于材料本身彼此相互联系而又冗长复杂的内容，可采用综合法学习。此法分成三个步骤：

①先采用体法：把材料从头至尾看几遍，了解材料本身的大体内容、基本意义。

②采用部分法：把这一材料分成几个小部分，分别来理解和记忆这些小部分。注意，在把材料分成许多小部分时，应采用材料的自然分段，不应把材料划分成一页或半页等数量相同的部分，这样又会机械地割裂材料本身一些段落之间的有机联系。

③再采用全体法：在掌握了材料的各部分之后，又把材料结合在一起，把整个材料再看几遍，归纳出材料的总体意义。

集中练习与分布练习

连续地进行练习，把某个材料反复地一遍又一遍地练习，叫做集中练习。

这种练习方式用来对付富有意义而又难于理解的材料特别有效。因为这种材料往往需要集中精力花一段时间进行反复练习才能透彻地掌握。如果所学内容简短，则集中练习便可完成。而在大多数情况下，应采用另一种更有效的方法，即分布练习，就是各次练习之间相隔一定的时间，反复多次后达到熟记。

有人研究，给同样一篇材料，如果甲组每天读一次共读五天，乙组一天内连续读了五次，那么实际上他们都学习了五次，而在一个月后进行测验，甲组的成绩为乙组的三倍。为什么会出现这种现象呢？

这是因为，练习过了一段时间后再来练习，就可把重点放在前次练习过但未掌握或已忘记了的部分上面。在这一时间间隔中，前次练习中的一些混淆和干扰有可能消失，并且由于避免了集中练习所产生的厌倦而提高了效率。

在最初练习时，各次练习之间的时间间隔要短一些，因为这时的知识尚未巩固，容易遗忘，而到后来，学习内容熟悉了，各次之间的间隔可以加长。

需要注意的是，存在着这么一种不良现象：材料学过一遍就过去了，直待到期中、期末考试前进行集中练习，把该材料反复读记，考试时仍能得高分，考过后又忘记了。这样的集中练习不利于长久保持，练习成为简单机械的重复，所产生的厌倦毫无疑义地会降低练习效率。

同一式练习与变化式练习

同一式练习指许多练习都必须紧紧围绕同一个基本知识进行，达到使基本知识巩固的目的。有些人的练习似乎仅仅是为了完成解题这一任务，拿起题来就解，不大愿意首先复习一下基本的概念、原理，练习起来错误百出或很难顺利进行。

做习题前，最好复习一下有关的基本知识。那种过于脱离基本知识、过于特殊、过于冷僻的练习要尽量放弃。如果所做的习题不是按某一知识内容来安排的，而是东拼西凑的大杂烩，那就达不到集中精力巩固某一基本知识的目的。因此，最好在学完某个基本知识后搜集有关的习题来做，将无关的习题暂放在一旁。那种把习题集从头到尾地去做，做完一本后又做另一本的做法是很不经济的。应该把各本书上所收录的习题中有关某一知识内容的习题集中在一起来做。

同一式练习还有另外一个方面的含义，就是指基本知识的范围、类型保持一致，表述基本概念、原理的语言保持一致。在这种条件下进行多样化的练习而使知识得到巩固。

这就对教材提出了新的要求，我们所用的教材应是同类教材中质量最佳的，它必须为我们提供基本知识的范围与类型，以及关于基本知识的较完善的语言表述。复习同一基本知识时同时使用几本内容大致相同的书籍，往往会出现这种情况：同样的意义，在不同的书中有不同的语言表述，详略亦不尽相同。

这种差别尽管无关紧要，但它却会浪费学习者的许多精力，因此，关于基本知识的范围、课题类型、语言表述，最好以一本教材为准。当然，可以按每一基本知识内容来汇集例题、练习题，或者将几本书上有关某个问题的论述综合整理出来记在笔记上，复习时就用自己整理出来的笔记。

变化式练习是指练习采用多样化的方式进行，视、听、读、写都可采用。

采用何种方式应根据自己的记忆特点和教材本身的特点来决定。

在学习无意义或较少意义的教材时，可多采用出声朗读、笔写等方式；在学习富有意义的材料时，则采用内心思考、默读等方式较好。不要总是单纯地使用一种方式，或只读，或只写，或只看。

按巴甫洛夫的学说，仅靠一种器官进行活动，大脑容易产生抑制；各种方式交替使用，不仅可以引起学习兴趣，还可以提高大脑的活动性。变化式练习的另外一层含义是要求具体例子的多样化，通过练习多样化的习题巩固基本知识，提高基本技能。但如果多样化的习题做得太多，大搞"题海战术"，无疑会浪费大量时间，影响基本知识的学习。

信息反馈式练习

每次练习后一段时间，便应了解练习的结果如何：哪些是正确的，哪些是错误的。对那些尚未掌握的东西亦应做到胸中有数，以便集中精力加强这部分的学习。

做作业之前，最好先复习有关的知识，然后合上书本独立做出来。做完后，再以书本为衡量标准找出作业中的错误和遗漏，加以纠正和添补。拿到被批改过的作业本后，不能只看一下分数就了事，而应把错了的题重做一下。课外做习题一定做书后附有答案的，否则做完后不知是对是错，难以留下深刻印象。

及时练习与定期练习

在学过一段教材后，如何安排今后的复习工作？有两种办法：

（1）及时练习。

爱滨浩斯研究出的遗忘规律表明，知识在学习后，起初遗忘得较多，以后逐渐减少。所以，复习就要及时进行，赶在知识还没被遗忘之前进行复习，就是复习了你所熟知的东西，所以，复习起来很节省时间。如果学习材料后过了很长一段时间，大多数内容已经忘记了，这时的复习就可能像学习新的材料一样费劲。但是，复习的时间亦不可定得太早，如定得太早，就可能是一种简单的重复了。

（3）定期练习。

及时练习并不就能保证知识永不忘记，因此，以后还要不断进行定期练习。在这种定期练习中，最初每次练习的时间间隔要短一些，以后逐渐延长时间间隔。如第二次复习定在二天或三天后，第三次复习定在一周或两周以后。具体在什么时候复习第一遍、第二遍、第三遍，要根据各人的具体情况和材料本身来确定。不过，也有个总的衡量原则：在材料大部分还记得而有很小部分遗忘或模糊时，是复习的最佳时刻。为什么要定在这个时候呢？

因为，在这时，由于材料的大部分还记得，再次复习时就很容易重现材料并理解材料的意义，并把已知的材料作为引导遗忘了的材料的线索。而且，又由于很少的部分遗忘或模糊了，这又激起了重新记忆的动力。如果你复习时觉得所复习的东西自己是完全能够回忆出来的，那么，说明你复习得过早了；如果你复习时觉得所复习的东西大多数已被忘记，变得陌生了，说明你复习得过晚了。根据这个原则，你就完全可能确定隔多少时间再来复习最好。

上述几种方法是对同一练习的不同侧面的描写。因此，各种方法可以一起使用于同一练习中。

13. 有效读书三步曲

大家都有这样的读书体会：那就是"书到用时方恨少"。既然如此，就不要等到用时再遗憾，应该在平时的学习和生活中，努力做一个有效的读书人。

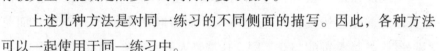

空杯心态与读书

心理学中有种心态叫"空杯心态"。空杯心态原于一小故事：有文士拜会百丈（百丈怀海）禅师，貌似恭而实倨，亦为礼，问："禅师何以教我？"百丈不语，为注茶，盈盏，俄而倾去半盏，盈之又倾。如是者三，文士色变，离座谢曰："受教。"

阐释：常人心胸，亦原广大如山谷，而见习愈多，愈多抗力，以已知猜度未知，俗之通病，是以难至增广，"等似空竹"，原本佛家境致。

空杯心态其实是一种挑战自我的永不满足。随时对自己拥有的知识进行重整，清空过时的，为新知识的进入留出空间，保证自己的知识总是最新。空杯心态就是永远不自满，永远在学习，永远保持心的活力。保持空杯心态的唯一的方法就是"把杯子里原来的水给倒掉"，抛弃旧知。但真正要做到这一点，恐怕亦非一日之功，保持谦虚好学的心态是重中之重。这是读书有效的态度。

吸收与释放

大家都知道"蚕"的生活历程吗？蚕为了生存，拼命地吃桑叶，数天以后蚕开始蜕皮，不吃也不喝，而后吐出来的不是桑叶，而是"蚕丝"。这就是蚕的与众不同，这就是人们一直称道它的原因。

大家都熟悉"牛"，牛为了生存，先大口大口地吃进草料，休息时就"反刍"，"反刍"后的杰作便是奶。人们美其名曰"老黄牛"。

蚕和牛的高明之处在于它们会"内化"而生成新的对人们有价值的东西。

作为一名学生，天天坐在教室里学习，不能像容器一样被动地吸收知识，应该学会求知、学会收集信息、处理信息、选择信息、学会触类旁通，把前人的知识内化成自己的知识，从中得到启发与感悟，提高自己分析问题和解决问题的能力。这启发与感悟就是蚕的"丝"、牛的"奶"。

作为教师，在学习化社会的今天，为了体现自身的价值，要像蚕吃桑叶、牛吃草似的吸收；博览群书，不断反思自己的行为，而后释放的是创新的做法，升华了的是新理念，获得的是师生的"双赢"。这才是真正的有意义的学习，这样的读书才更有价值。

最佳的读书境界是：没有人去强求我们读书，没有物欲引诱读书。只是将读书作为一种生活方式，一种生活需要，如同饮食空气，有则快意，无则失落。

三宝：好习惯、好心态、好人缘。

四大支柱：学会求知、学会做事、学会共处、学会做人。

五项修炼分别是：自我超越、心智模式、共同愿景、团体学习、系统思考。

六项思考帽：白色帽子——客观数据；红色帽子——情感直觉；黄色帽子——正面评估；黑色帽子——负面评估；绿色帽子——创意假设；蓝色帽子——过程控制。

《高效能人士的七个习惯》，这本书原来的名字是《与成功有约》，从朋友那儿借了一本，当时就觉得很好。这感觉多多少少也与袁枚老先生"书非借不能读也"相似，决定有机会再买一本，终于又买了一本，又读了一次——这是一本真正的好书，每个人都该读的。

高效能人士的七个习惯分别是：积极主动、以终为始、要事第一、双赢思维、知彼解己、综合统效、不断更新。

这五本书，涉及到做人品质、心态和习惯，更重要的改变人的心智模式，教给人思考问题的方法。

开卷有益，读书就是要提升思想、产生智慧。这便是读书的本质，也是有效读书的目标。

14. 名人读书方法

现代名人谈读书方法

世界上许多名人之所以成功，与他们善于读书有关。读书有成效，不仅取决于读什么，而且决定于怎样读。以下选择现代名人读书方法6例，介绍如下：

（1）鲁迅的"跳读"法。

鲁迅先生认为："若是碰到疑问而只看那个地方，那么无论到多久都不懂的，所以，跳过去，再向前进，于是连以前的地方都明白了。"这种方法是对陶渊明的"不求甚解"读书方法的进一步发挥。它的好处是可以由此节省时间，提高阅读速度，把精力放在原著的整体理解和最重要的内容上。

（2）老舍的"印象"法。

老舍说："我读书似乎只要求一点灵感。'印象甚佳'便是好书，我没功夫去细细分析它……。'印象甚佳'有时候并不是全书的，而是书中的一段最入我的味；因为这一段使我对全书有了好感；其实这一段的美或者正足以破坏了全体的美，但是我不管；有一段叫我喜欢两天的，我就感谢不尽。"

（3）华罗庚的"厚薄"法。

华罗庚主张：读书的第一步是"由薄到厚"。就是说，读书要扎扎实实，每个概念、定理都要追根求源、彻底清楚。这样一来，本来一本较薄的书，由于增加了不少内容，就变得"较厚"了，这是"由薄到厚"。这一步以后还有更为重要的一步，即在第一步的基础上能够分析归纳、抓住本质、把握整体，做到融会贯通。经过这样认真分析，就会感到真正应该记住的东西并不多，这就是"由厚到薄"这样一个过程，才能真正提高效率。

（4）杨振宁的"渗透"读书法。

杨振宁教授认为：既然知识是互相渗透和扩展的，掌握知识的方法也应该与此相适应。当我们专心学习一门课程或潜心钻研一个课题时，如果有意识地把智慧的触角伸向邻近的知识领域，必然别有一番意境。在那些熟悉的知识链条中的一环，则很有可能得到意想不到的新发现。对于那些相关专业的书籍，如果时间和精力允许，不妨拿来读一读，暂弄不懂也没关系，一些有价值的启示，也许正产生于半通之中。采用渗透性学习方法，会使我们的视野开阔，思路活跃，大大提高学习的效率。

（5）白寿彝的"研读"法。

著名史学家白寿彝认为："读书之读，似应理解为书法家读贴读碑之读，画家读画之读，而不是一般的阅览或诵习。"

冯亦代说："我在看书时，每逢看到好处，不免自己的身心也进入书中的'角色'。好像演员在舞台上演戏，演到好处，不由得为所饰剧中人的'角色'左右。"

（6）余秋雨的"畏友"读书法。

散文家余秋雨提出："应该着力寻找高于自己的'畏友'，使阅读成为一种既亲切又需花费不少脑力的进取性活动。尽量减少与自己已有水平基本相同的阅读层面，乐于接受好书对自己的塑造。我们的书架里可能有各种不同等级的书，适于选作精读对象的，不应是那些我们可以俯视、平视的书，而应该是我们需要仰视的书。"

名人读书法

孔丘的"学思结合法"："学而不思则罔，思而不学则殆。"

子思的"五之法"："博学之、审问之、慎思之、明辩之、笃行之。"

王充的"古今法"："知古不知今谓之陆沉，知今不知古谓之盲瞽。"

韩愈的"提要钩玄法"："记事者必提其要，纂言者必钩其玄。"

朱熹的"三到法"："要口到、眼到、心到。"

徐特立的"古今中外法"："把古今结合，中外结合，变为我的。"

陶铸的"细嚼慢咽法"："做学问的功夫，是细嚼慢咽的功夫。"

谢觉哉的"挤钻法"："没有时间，挤；学不进去，钻。"

邓拓的"积累法"："古今有学问的人，有成就的人，总是十分注意积累的。"

巴金的"苦学法"："苦学能够战胜一切。学问的宫殿不分贫富都可以进去。"

赵树理的"淘金法"："读书也像开矿一样，沙里淘金。"

华罗庚的"厚薄法"："书由厚变薄是阅读能力提高的标志。"

冰心的"创新法"："读书恨与古人同。"

李准的"先浓后淡法"："先浓后淡更有味。"

李政道的"杂七杂八法"："我是学物理的。不过，我不专看物理书，还喜欢看杂七杂八的书，多看一些头脑就比较活跃。"

陈善的"出入法"："既能够钻进去，又能跳出来。"

董桥读书法，则如训练有素的别动队，穿插自如，干练迅捷，屡有出人意表的战果及斩获。读书在彼，如攻城略地，速战速决，而建设（抽绎、概括）还要超过攻略。推敲其读书法，但见选择高明，如闻金石声，显系注重知识之再生能力；绿意盎然，大有四季常开，花香不败的意蕴。是一种"荡漾着优越感"的读书法。

李敖读书姿态罕见之开放，如一硕大公园，推倒围墙，吸纳周遭风光，而自有一中心。其于知识信息、资料之吸收，则不论王子与贫儿、芝兰与败草、琥珀珠钻与牛溲马勃，俱兼收并蓄，来者不拒。他以写代读，读写一体，资料海堆山垒，然见解每为过剩信息所掩，识之者，初则惊奇，继之也难免乏味。虽然，其食量亦如拉伯雷《巨人传》一流人物，仍称别开生面。

读书经验漫谈

中国是一个有五千年悠久历史的文明古国，人才如林，学者如云。他们积累了大量的学习经验。

（1）一目十行。

这话大家常用，出自《梁书·简文帝纪》："读书十行俱下。"宋代刘克庄诗云："五更三点结漏，一目十行读书。"一眼看十行是不可能的，但用来形容读书敏捷，夸张得可以接受。当今科技飞跃发展，各种书籍浩如烟海，要浏览大量书报，确实需要点儿"一目十行"的本领。

（2）二分群书。

清末名家梁启超很会读书。他把每天所要读的书分为二类，一类是一般的，粗读；一类是有价值的，细读；格言还要精读。这种主次分明的读书方法，使他获益不浅。

（3）利用"三余"。

三国时代的有名教育家董遇，常教导他的学生要善于利用"三余"时间来读书。他说："冬者岁之余，夜者日之余，阴雨者时之余也。"宋代文豪欧阳修对崇敬他的人深有感慨地说："余平生所作文章，多在三上，乃马上、枕上、厕上也。"当然，"三上"语有夸大，也不利于健康，不足为训，仅以此说明抓紧一切时间是何等重要。

（4）读书"四到"。

宋代朱熹提出读书要"三到"近代胡适加了"手到"，形成了读书要"眼到、口到、手到、心到"的好方法。边看、边诵、边写、边想，才能读得进，记得住，用得上。

（5）贵在"五用"。

现代伟大作家鲁迅先生把上面的"四到"，再加上一个"脑到"，归结为"五用"。特别强调，不仅要用"心"记，更要用"脑"思索，善于发现规律，提出问题，勇于创造。这种"眼、口、手、心、脑"五到的提法更全面，收益更为显著，成为读书要诀。

（6）学避"六蔽"。

古人认为不好好学习，就会成为愚人、荡人、贼人、绞人、乱人、狂人，总之是不好的人。孔夫子曾经对弟子们说："好仁不好学，其蔽也愚。好知不好学，其蔽也荡。好信不好学，其蔽也贼。好直不好学，其蔽也绞。好勇不好学，其蔽也乱。好刚不好学，其蔽也狂。"

（7）"七焚七录"。

明代末年有个大学问家叫张溥，他的读书法奇特，读书时先抄一遍，再读一遍，然后把书稿烧掉。再抄再读再焚再抄，反复七次，直到烂熟于心，融会贯通。他苦读成名，给自己书斋取名为"七焚斋"，也叫"七录斋"。

（8）"八面受敌"。

这是宋代全能大文豪苏东坡发明的极优读书法。他每读一本书，有计划地分作意义、故实、文物等几个方面，每次钻研一个方面，步步深入，效果显著。东坡说："此虽迂钝，而他日学成，八方受敌，与涉猎者不可同日而语也。"

（9）辨明九事。

近人陈中凡钻研古籍，造诣极深。他总结为辨明九事："一曰别真伪；二曰识途径；三曰明诂训；四曰辨章句；五曰考故实；六曰通条理；七曰治经宜知家法；八曰治史应详察史实；九曰治诸子应知流别。"

（10）十目一行。

一目十行的浏览可以博学长识，而十目一行的专注，使人精深。清代学者陆世仪就是用了"十目一行"读书法取得成功的。

（11）百家百遍。

韩愈之所以成为"文起八代之衰"的文坛领袖，是从小就"口不绝吟于六艺之文，手不停披于百家之编"。鲁迅先生曾形象地比喻说："必须如蜜蜂一样，采过许多花，这才能酿出蜜来，倘若叮在一处，所得就非常有限，枯燥了。"读百家之书，还要熟读百遍。朱熹说过："书读百遍，其义自见。"苏东坡也说："旧书不厌百回读，熟读深思学自如。"

（12）日记千言。

韩愈自幼苦读，日记千言。叶奕绳谈到他学习的方法说："每读一书……每日必十余段，少亦六七段"。每天记千把字，是好办法。"

（13）万卷万里。

杜甫深有体会地谈到自己的写作经验是："读书破万卷，下笔如有神"。汉代文史家司马迁总结治学经验是："读万卷书，行万里路"。我国有丰富的文化典籍，读万卷书可接受先人的间接经验。我国地大物博，行万里路可以壮志知情，获得直接经验。两者结合，才使人的认识升华，有所发现，有所发明，有所创造，有所前进。

15. 读书的好处

高尔基先生说过："书籍是人类进步的阶梯。"书还能带给你许多重要的好处。

多读书，可以让你觉得有许多的写作灵感，可以让你在写作文时运用的更好。在写作的时候，我们往往可以运用一些书中的好词好句和生活哲理。让别人觉得你更富有文采，增加文章美感。

多读书，可以让你全身都有礼节。俗话说："第一印象最重要。"从你留给别人的第一印象中，就可以让别人看出你是什么样的人。所以多读书可以让人感觉你知书答礼，颇有风度。

多读书，可以让你多增加一些课外知识。培根先生说过："知识就是力量。"不错，多读书，增长了课外知识，可以让你感到浑身充满了一股力量。这种力量可以激励着你不断地前进，不断地成长。从书中你往往可以发现自己身上的不足之处，使你不断地改正错误，摆正自己前进的方向。所以，书也是我们的良师益友。

多读书，可以让你变聪明，变得有智慧。书让你变得更聪明，你就可以勇敢地面对困难，让你用自己的方法来解决这个问题。这样，你又向你自己的人生道路上迈出了一步。

多读书，也能使你的心情变得快乐。读书也是一种休闲，一种娱乐的方式。读书可以调节身体的血管流动，使你身心健康。所以在书的海洋里遨游也是一种无限快乐的事情。用读书来为自己放松心情也是一种十分明智的方法。

读书能陶冶人的情操，给人知识和智慧。所以，我们应该多读书，为我们以后的人生道路打下好的、扎实的基础！

"书籍是全世界的营养品，生活里没有书籍，就好像没有阳光；智慧里没有书籍，就好像鸟儿没有翅膀。""一本新书像一艘船，带领着我们从狭隘的地方，驶向生活的无限广阔的海洋。""不读书就没有真正的学问，没有也不可能有欣赏能力、文采和广博的见识。……不读书的人就不是一个完人。"多读书，可以开阔视野，增长见识，启迪智慧，可以使自己在工作中有所创造，有所成就；多读书，可以丰富自己的知识宝库，进一步懂得生活；可以提高自己的文采和对艺术的欣赏能力，可以变"下里巴人"为"阳春白雪"，从而使自己的生活更加丰富多彩，充满情趣。

"书是随时在近旁的顾问，随时都可以供给你所需要的知识，而且可以按照你的心意，重复这顾问的次数。"知识就是力量，科学技术就是生产力。要想建设一个具有高度精神文明的社会主义强国，没有一定的科学技术水平是不行的；科学技术仅为少数人所掌握，也是不行的，尤其是在科学技术高度发达的今天，更是如此。而要想让所有的人都上学学习，是不可能的。那么，就只有在工作中学习，利用一切可以利用的时间和条件自学。在自学过程中，不可能人人都能得到指导老师，那么，最好的老师就是书籍。

"书籍蜿蜒伸入我们的心灵，诗人的诗句在我们的血流里舒缓地滑行。我们年轻时诵读它们，年老时仍然铭记它们。我们读到他人的遭遇，却感到身历其境。书籍到处可得，而且价廉物美。我们就像呼吸空气中的氧一样吸收书中的营养。"读书有这样多的好处，而书籍又可随时随地买到，并且花钱不多；时间，工作之余也是足够的；精力，20岁左右的小伙子和姑娘们是充沛的。这种年龄，记忆力旺盛，分析判断能力也已达到一定程度，且无家室之累，正是集中精力学习知识的黄金时代，千万不要白白地浪费掉。

中国有句古话："少壮不努力，老大徒伤悲"。待到自己在曲折的人生中悟出应该多学本事的道理，想学的时候，由于年龄的增长，记忆力衰退，由于家庭的重负，精力集中不起来，那时想学也学不好了。与其那时悔恨终生，倒不如现在就努力学习。

"学海无涯勤是岸，云程有路志是梯"，"勤奋能点燃智慧的火苗，懒惰是埋葬天才的坟墓"，"业精于勤，荒于嬉；行成于思，毁于随"。成功的喜悦，永远都是只属于那些勤奋好学，勇于攀登的人们。"如果你们，年轻的人们，真正希望过'很宽阔，很美好的生活'，就创造它吧，和那些正在英勇地建立空前未有的、宏伟的事业的人手携手地去工作吧。"为了能够工作得更好和生活得更美好，读书学习吧，年轻的朋友！古人云："书中自有黄金屋，书中自有颜如玉。"可见，古人对读书的情有独钟。

其实，对于任何人而言，读书最大的好处在于：它让求知的人从中获知，让无知的人变得有知。读史蒂芬·霍金的《时间简史》和《果壳中的宇宙》，畅游在粒子、生命和星体的处境中，感受智慧的光泽，犹如攀登高山一样，瞬间眼前呈现出仿佛九叠画屏般的开阔视野。于是，便像李白在诗中所写到的"庐山秀出南斗旁，屏风九叠云锦张，影落明湖青黛光"。

对于坎坷曲折的人生道路而言，读书便是最佳的润滑剂。面对苦难，我们苦闷、彷徨、悲伤、绝望，甚至我们低下了曾经高贵骄傲的头。然而我们可否想到过书籍可以给予我们希望和勇气，将慰藉缓缓注入我们干枯的心田，使黑暗的天空再现光芒。

读罗曼·罗兰创作、傅雷先生翻译的《名人传》，让我们从伟人的生涯中汲取生存的力量和战斗的勇气，更让我们明白：唯有真实的苦难，才能驱除罗曼蒂克式幻想的苦难；唯有克服苦难的悲剧，才能帮助我们担当起命运的磨难。读海伦·凯勒一个个真实而感人肺腑的故事，感受遭受不济命运的人所具备的自强不息和从容豁达，从而让我们在并非一帆风顺的人生道路上越走越勇，做命运真正的主宰者。

在书籍的带领下，我们不断磨练自己的意志，而我们的心灵也将渐渐充实成熟。读书能够荡涤浮躁的尘埃污秽，过滤出一股沁人心脾的灵新之气，甚至还可以营造出一种超凡脱俗的娴静氛围。

16. 经典读书方法

古今中外许多富有成就的学者都在长期的阅读学习中总结出了不少行之有效的阅读方法。在这里只能择其一二,介绍几种对政治课阅读具有指导意义的"阅读成方"。

朱子读书法

即朱熹读书法。我国古代的传统读书法的典型代表之一。此法对后世影响极大。朱熹去世后,其弟子即归纳为"朱子读书六法":

(1) 循序渐进。读书须有次第,"字求其训,句索其旨,未得乎前,则不敢求其后",切戒急于求成。

(2) 熟读精思。读书"若读得熟而又思得精,自然心与理合一,永远不忘"。

(3) 虚心涵咏。即读书要有虚心的态度,"惟笃志虚心",方"道理明"。

(4) 体己体察。即读书要善于将书上的"圣贤言语,体之于身"。

(5) 着紧用力。意即读书要勤奋,下苦工夫。

(6) 居敬持志。读书要有纯静专一的心境和坚定远大的志向。

顾颉刚读书法

顾颉刚(*1893～1980*),我国当代著名的历史学家和民俗学家。其读书方法开创了中国近现代阅读理论和实践的新格局。归纳起来,可称之为"三要读书法"。

(1) 要有正确的读书态度。读书时要善于批判继承传统的读书法,敢于怀疑圣贤和经典,还要自觉吸收现代科学方法,不断反省和

总结自己的读书方法。

（2）要有独特的读书方法，即批判性阅读、活读。

（3）要做好五件事：

①养成读书的特殊兴趣。

②要分别书籍的缓急轻重。

③要运用自己的判断力。

④不可有成见。

⑤要广涉群书，又要精专。

陈从周的杂读法

我国著名建筑家陈从周教授在谈到读书方法时曾说，我除了读专业著作以外，最喜爱读杂书，尤其是钟爱历代文人的笔记。要分门别类地做摘记，这样方能由杂变"纯"。正如搞园林一样，"一木一石，残砖碎瓦"，皆为造园必须之品，为学也是如此。他还说，"读书，搞学术，要有的放矢，围绕一个问题，由一点可以引申到很多点，正如蜘蛛网，千丝万缕，离不了中心的蜘蛛。如此持之以恒，便可在这个领域中得其梗概了。"

快速阅读法

这是一种从文字中迅速吸收有用信息，提高阅读速度的读书方法。此法为美国教育学家比尔·科斯比和苏联著名学者奥·库兹涅佐夫等人提出，并在实践中不断丰富和完善。近年来此法已在苏美法等国推广使用。此法包括三种方式：

（1）跳跃式阅读。读书时不要逐句逐段，而是跳跃式开头、读领头句、读结尾。

（2）扫描式阅读。即阅读时视线要垂直移动，"瞄准"重要字词语便行。

（3）组合式阅读，即群读。它要求新闻记者不是一字字地看而是一组组地看。做到群读需要经过不断地训练才能达到要求。采用快速阅读法要注意以下要领：

①不要重复阅读。

②阅读时不要出声。

③要集中思想，边阅读边理解。

④阅读时要采用记忆的方法。

运用著名学者阅读法进行阅读学习，要注意以下几点：

①要在读书过程中，善于博采古今中外专家学者新闻记者方法之精神，为我所用，切忌照搬硬用。

②阅读过程中，要善于摸索和总结出自己独特的阅读方法。

③世上没有一种万能的、最佳的、具体的读书方法，需要在长期的阅读实践过程中，不断修正、补充、完善，方能在知识的海洋中自由遨游。

17. 通过泛读提升写作

泛读，相以对"精读"而言，即广泛涉猎，博览群书。泛读与勤写相结合是提升写作能力很有效的途径之一。

泛读提升写作的可行性

学生的作文能妙笔生花，不是来自老师在课堂上的繁琐讲解，不是来自老师在作文本上的条条杠杠，它主要来自课外的读和写。这个结论对于老师们来说未免太残酷，然而是一个不容否定的事实。

东晋陶渊明"好读书，不求甚解"，唐朝诗人杜甫"读书破万卷，下笔如有神"。北宋文毫苏东坡"行万里路，读万卷书"。现代著名语言学家吕叔湘认为语文学习70%来自课外，30%来自课内，这些都说明了泛读有助于提高写作能力和其它的语文能力。强化课外阅读，培养学生语文综合能力，固然以课内为主，但只靠课内这一条腿走路是不行的。

另外，从语感的角度讲，泛读有利于培养学生语感，语感好的学生，写作相对好一些，所以对学生语感的培养显得至关重要。而语感又可分为感觉、感知、感悟三个逐渐递进的层级，泛读就可以让学生对文章有所感觉，感觉好的文章再精读达到感知和感悟的层级，从中不断积累写作素材，积累美的语言，学习别人的写作技巧。"他山之石，可以攻玉"，在自己的写作实践中，便可用上平时积累的东西。

总之，学生写作能力的提高，归根到底取决于他们读了多少书，读了什么书和怎样读书；取决于他们写了多少文章，写了什么文章和怎样写文章。所以，泛读不失为提升写作的很有效的途径之一。

改革阅读教学

如果阅读教学的思想不高，教学只是死盯住几篇课文不放，那么课外泛读就没有地位；如果阅读教学效率不高，老地繁琐提问、分析、练习，那么课外泛读就没有时间；如果课内阅读不能举一反三，那么课外阅读也就难以提高。因此，改革阅读教学是加强课外泛读的前提。

阅读教学要从繁琐的形式中解放出来，教课方要力求突出重点，简洁明了。或紧扣一词，教活一篇；或抓住一名，串联全篇；或精导一段，拨通全文；或突破一点，举一反三。提倡"重读背，轻讲析；重陶冶，轻灌输"。

如何实施泛读

（1）保证泛读时间。

首先要保证有统一指导泛读的时间，每周可安排1～2节；其次要保证有自由泛读的时间，作业减少，时间就够了。

（2）明确泛读的书目及要求。

泛读的书目可以是《高中语文教学大纲》中规定的必读书目，如《语文读本》、中国四大古典名著、外国名著，也可以是好的报刊杂志。总之读书宜杂，但要求思想内容健康，不能让学生受消极甚至反动思想，"黄毒"的影响。

（3）培养良好的泛读习惯。

教师一定要在泛读中培养学生良好的泛读习惯，养成良好的读书习惯，可使学生终生受益。那么，应培养哪些良好的读书习惯呢？

①随手翻的习惯，这种习惯可让学生产生广泛阅读的兴趣，有助于开阔视野，积累素材。

②背诵的习惯，中学时代是记忆的黄金时代。

18. 教师读书

读书会让我们的教师更加善于思考，更加远离浮躁，从而让我们的教师更加有教育的智慧，让我们的教育更加美丽。

教师的专业成长离不开学习，而读书是最为重要最为有效的学习方式、学习途径。古人云："黑发不知勤学早，白首方悔读书迟。"如果知识不是每天在增加，就会不断地减少。

教师读书对于教师成长的好处

（1）读书，使教师成为教育专家。

教书匠、教师、教育专家是有质的区别的。只能因循守旧，依据教材传经者，是为教书匠；能操控教材，合理引申、阐发，加以授业者，是为教师；而能源于教材，因材施教，学以致用，授业解惑，导引他人，并能自我不断进步，是为教育专家。

教师读书，便可以提高教师立足点，让教师站在更高的高度看问题，从而真正掌握所教内容，举一反三。书本是前人智慧的结晶，读它，我们便能像牛顿说的那样"站在巨人的肩上"，自然可远眺、可高瞻、可远瞩。

（2）读书，使教师成为博学家。

学到老，活到老。学习不但意味着接受新知识，同时还在修正错误乃至对错误有更新更深刻的认识。博古通今，教师便能开阔视野，成为鲁迅先生所提倡的"杂家"。琴棋书画样样通，教起书来显轻松。苏霍姆林斯基曾说：对这一节课，我准备了"一辈子"。这"一辈子"，其实就是教师每天不间断的读书。正可谓：潺潺小溪，每日不断，注入思想的大河。

（3）读书，使教师成为哲学家。

书是人类进步的阶梯。一本好书犹如一个好的导师，教你如何做人，做一个有益于自己、有益于社会的人。教师读书，用书慰藉我们的心灵，摆脱悲哀和痛苦的羁绊，使教师逐渐抛弃功利，不以物喜，不以己悲，则教师的教书生涯便会充满活力、充满欢乐、充满思想。由此，教师正确的世界观、人生观、价值观便得以形成、发展。通过读书，教师还会增强社会责任感，逐步理解理想与现实、认识与实践、联系与矛盾等等的真正内涵，挖掘出教师自己职业中的内存魅力，成为一个不唯书、不唯上、唯求实的哲学家。

（4）读书，使教师成为改革家。

教育发展源于教师的创新，源于教师群体对教育规律的探索与利用。读书的过程就是与世界交流的过程，一个从狭隘走向广阔的过程，一个由低级进化到高级的过程。教育改革是教师必备的基本功，是教师作为人类灵魂工程师的分内事。教师读书，读得多了，实践得多了，就会产生出新的教育观点、教育理念，并通过反复实践，终究会成为教育改革的旗手，推动教育事业的迅猛发展。正可谓：读书成就未来！

（5）读书，使教师成为心理学家。

读书令人紧跟时代步伐。教师读书，不但能紧跟时代，更重要的是紧跟学生发展的实际，更易关注学生、了解学生、贴近学生。书籍是一所学校，教师在这所学校里进修、深造，感受着一股催人奋进的力量，教师便能保持清醒的头脑，用理智、用智慧去寻求修身养性、韬光养晦的教育技巧。特别是一些专业心理学、教育学书籍，其本身就提供了很多行之效，值得借鉴的经验，所以教师读后就更能对人、对学生有更深的认识，发掘出学生心理，找到解决学生心理问题的办法，引导学生心理发展的方法，成为一名当之无愧的心理学家。

总之，读万卷书行万里路。教师读书，提高自身综合素质，得益的是自己、是学生、是国家、是社会。教师多读书，必将促进教育事业的快速、健康、有序的发展，使教育真正面向世界、面向未来、面向现代化。

苏轼在《东坡文集事略》中曾有过这样的论述：书富如入海，百货皆有。人之精力，不能兼收尽取，但得春所欲求者尔。故愿学者每次作一意求之。赵树理也说：读书就像开矿一样，"沙里淘金"。教师要好读书，更重要的是要读好书。

好书，就是能够唤起读者进一步阅读、激发读者写作冲动的读物，能使读者亲近书籍、亲近人类精神生活的读物。好书的内容、思想，当符合人类社会客观事物发展的规律，符合人类的根本利益。

促进教师专业成长的好书

（1）教师读好书，教育专著是首选。

人类几千年的教育历史中，创造和积累了许多宝贵的教育思想财富。读这些著作，教师便能与教育家对话，逐步形成正确的教育思想，形成独特的教育智慧，使教育更加美丽。教育专著涵盖中外古今集教育大成者的理论专著、心得体会，以及各大报刊中当今教育名家的论文等。如苏霍姆林斯基的《给教师的建议》、霍华德·加德纳的《多元智能》、朱永新的《我的教育理想》、李镇西的《民主与教育》等著作，无不闪耀着教育智慧的光芒，读之令人愉悦、轻逸、受益一生。

（2）教师读好书，要读教科书。

中小学各科教科书应该说是浩瀚书海中"精品中的精品"。系统阅读有助于我们把握教育脉搏，夯实基础知识，丰富文化层面；系统阅读有助于我们更多地了解教材体系，更多地了解学生，对学生的问题能多角度思考、解决；系统阅读有助于我们理解学科间的联系，知己知彼、教育不殆。应该说，系统阅读中小学教科书是教师专业成长的制胜法宝之一。这就是"书不厌百回读，要获新知读旧书"的道理。

（3）教师读好书，要读励志书。

一本好的励志书是一盏明灯，指引我们无怨无悔、奋勇向前；一本好的励志书是一柱坚强的臂膀，支撑我们不屈不挠、坚忍不拔。朱永新说："教师是一个冒险甚至危险的职业。在这个职业中，伟人和罪人都可能产生。"因此，教师教学生涯中难免遇到这样那样的坎坷、曲折，甚至不被人理解、遭人诽谤。

读读励志书，教师就能勇敢站起来，如履薄冰，尽最大努力克服心理阴影，冲破心理障碍，让自己和自己的学生走向崇高。卡耐基的《人性的弱点》、《人性的优点》、《快乐的人生》，马登的《一生的资本》、《奋力向前》以及杂志《思维与智慧》、《成功文摘》等等便是教师应当选择读的励志书，这些书籍正是教师逆境中的慰藉，顺境中的鞭策！

（4）教师读好书，要读人文科学。

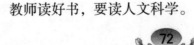

人文科学读物是智慧之学，是对人类智慧的挚爱之作，是一种追求、一种浪漫，当然也是另一种现实。谁远离了人文科学，谁就走近了愚昧。"读史使人明智，读诗使人聪慧，哲理使人思想深刻，伦理学使人有修养，逻辑修辞使人善辨。"一句话，读人文科学读物使教师博学多闻、头脑充实。这样的教师在上课时会滔滔不绝、课下又能与学生打成一片，成为知心朋友；闲暇时还能自得其乐，信笔成文，当然是自成一派。如此一来，教师逐渐成长为教育大家矣。

（5）教师读好书，要读科普书。

四川有句俗语：不懂科学，狗撵摩托。的确如此，人类社会已经进入信息时代、网络时代，那些使人思维精密的演算，令人茅塞顿开的理化生实验，让人情感无比鼓舞的"神五"，怎能不令我们心生向往，迫切渴求去探个研究，看个明白呢？科普读物正是一把打开这些疑问大门的钥匙，正是一张通往科学殿堂的门票。梁衡的《数理化通俗演义》及杂志《科幻世界》等科普读物就是这类读物的精华。文科教师需要读一读，理科教师也需要读一读，这是拓展科学知识，教师专业成长不可或缺的好"东东"。

我们信奉"旧书不厌百回读，熟读深思子自知"的同时，还要相信"吾生也有涯，而知也无涯"。知识是无穷尽的，要促使教师专业成长必须要求教师读好书，没有知识的补充和积累，教师便会落后于这个时代，甚至大大落后于自己的学生。歌德说，谁落后于时代，谁就承受那个时代所有的痛苦。同样，谁落后于自己的学生，谁就会被教育所淘汰。故教师要好读书，而且要读好书，才不愧于我们这个时代，不愧于自己的学生。

教无定法，学无定法，读书亦无定法。曾记得这么一句话：书都读得来的人，还怕有什么做不来的事呢？

教师们当如何读书

（1）读、有针对性地读。

"读书破万卷，下笔如有神"。是的，教师的泛读是教师专业成长的基础。伟大导师恩格斯便是一个泛读的典范。他虽然只上过中学，但他的泛读，造就自己成了"一部真正的百科全书"（马克思语）。泛读的基础上，教师还需精读，精读是教师专业成长的保障。那些有真正价值的作品需要反复地读，从中不断发掘出新的思想，新的内涵。

正可谓："读书譬如饮食，从容咀嚼，其味必长；大嚼大咽，终不知味也。"教师毕竟是教师，书读必为已所用，故教师读书还得有针对性地读。有针对性读是教师成长的关键。本专业的书、相关专业的书、其它专业的书均需作一个选择，要有针对性，针对自己、针对学生、针对教育事业、针对我国国情，把普遍性的读物与特殊性的读物有机结合起来，注意"加紧学习，抓住中心，宁精勿杂，宁专勿多"。

（2）诵记、笔记、写好随笔。

朱熹谓读书有三到：心到，眼到，口到，这说明了读书的基本功。读书须诵记，特别是优秀的文章更需如此，这口到是读书的第一关。"最淡的墨水也胜过最强的记忆"，故而，教师读书需作必要的笔记，否则就会为读书而读书，起不到促进专业成长的作用。教师既要成为一个好读书者，也要成为一个读好书者，教师更要成为一个写作者。勤动笔墨勤读书，好记性比不过烂笔头。写作对于教师来说应是一项基本功，是教师不得不掌握的。或许某一天，你的作品便成了后代的"经典"、参照教育的经验了。

（3）细化、内化、借助现代化。

陆游曾说："功夫在诗外。"读书读到一定的时候，教师也需把功夫放到书外。前面讲到的写作随笔就是一种，而将所读内容努力奋斗细化、内化又是另一种。所谓细化，就是要将读过的书，特别是所作的读书笔记，进行分门别类，加以归纳整理，理出一阶段来的读书线索，以此检查自己这一阶段的读书情况，发现自己读书中存在的问题并加以改进。

正如高尔基所言：每一本书是一级小阶梯，我每爬一级，就更脱离畜生而上升到人类，更接近美好生活的观念，更热爱这本书。所以，教师只读书不细化是不行的。而内化，是从教师读书的目的来说的，教师读书促进教师专业成长，是要为教育事业作出更大的贡献。所以，教师读书必须把书中的"营养"变为自己思想的一部分，才能融会贯通、学以致用。伴随信息技术的发展，我们教师读书的方式也面临着重大的改变，这意味着教师读书将有更大的变化，更多的选择。

电子读物，一种新兴的读物，用一张小小的光盘就能容纳下成百上千的书籍，一个拇指大小的 MP3、U 盘就能将几十本书随身携带，借助内置、外置软件还可随时阅读，而且检索特别方便、互动性极其强大、传阅异常便捷，再加上有声阅读、动画演示等等，使读书的乐趣愈加高涨。教师在借助现代化阅读的过程中，不但能较以前更容易学到各种书中的知识，而且进一步提高了科学素养，熟悉了现代教育技术，开拓了更加广阔的视野。

以上述及三个方面的内容：教师读书当注意书籍的选择，不同的书籍有不同的读法；教师读书与笔记的关系，强调一个"眼到、口到、心到、手到"；教师读书应读为已用，而且需要提高效率，借助现代化工具读书。读书只有常法而无定法，教师当努力探索一套于自己有效的读书方法，切不可人云亦云！对于新型的阅读方式，教师既要借助，更要辩证地运用，切不可一味依赖，殊不知现代化的阅读方式也有较传统阅读方式诸多不尽人意之处。

少而好学，如日出之阳；壮而好学，如日中之光；老而好学，如夕之辉。教师读书促进教师专业成长，教育的美丽源于教师读书！

19. 教育孩子读书

有一句话说的好，叫"条条道路通罗马"，教育是件复杂的事，也是具有不可复制性的，但其中一些经验大家也可借鉴。对待教育孩子读书，我不太赞成给孩子请家庭教师或参加补习班，正常上学好好听老师讲课就足够了。

为人教育

武术高手都说学武先学做人，也即德的教育。实际上为人不正，做什么也做不到真正的高水平。比如，孩子从小就知道没后门办不成事，有后门学差点也可进好学校，将来也可有好工作，他怎能去用心读书呢？为人教育实际是最难的，同时也是最容易的。首先是身教，你孝敬父母，孩子自然会孝敬你；你待人宽厚仁慈，孩子也就会宽厚仁慈；你凭真本事吃饭，孩子自然就会去学真本事。其次是言教，社会上的不良现象处处都有，甚至自家也难免有些送礼、收礼之类的不良情况，都要跟孩子讲明道理，让她知道那是不对的，即便是父母不得已做了也是不可仿效的。当然对好的现象和榜样更要多讲。再就是管教，你再身教、言教，孩子做错事情，甚至向危险的方向走去，那就不得不用这最后一招——严管。

严管与真爱

谁不管自己的孩子，谁不爱自己的孩子？但两者结合就不好做到了。严要严到孩子真怕你，你严令禁止的事他不敢偷偷去做；爱要爱到孩子真爱你，你的冷暖他都记在心里，他有什么心里话都愿同你说。

如做不到这样，当面怕得要死，回头就另一套，还有什么用呢？或者怕你像见阎王，说让他怎样就怎样，可他想什么你都不知道，还怎能有的放矢的教育呢？太松了不能保证教育的有效性，太严了又不利于孩子的心理成长。只有把严管与真爱有机的结合起来才能收到最满意的效果。

培养孩子的兴趣

这对教育孩子读好书也是非常重要的。强迫孩子学好一课只是一课的事，她自己有了学习兴趣才能学好所有的课。我认为可以：

（1）限制她学习，每天学习的时间不能太长。这样要完成作业就必须在有限的时间内努力学习，不会养成边学边玩的习惯，而且你不看着她的时候，她也会努力的，因为过了时间就没机会学了。

（2）从不帮她作题，她有不会的就启发她作题的思路，自己一下子想出来了有成就感，记得牢，也学会了思考方法。

（3）考不好从不责怪，分数不高不要紧，知识掌握了就行了。让她从脑子里形成读书不求分数而是学知识的意识。为分数而学与为知识而学的效果要差很多很多倍的！

20. 培养读书习惯

主动读书

我们的学生，尤其是中学生，他们以"学业忙"为借口没有时间去读书，在这个充斥着"拜金主义"的社会里，就连我们的学生都受其毒害，不能安心读书。所以教师应该让他们在头脑中认识到读书的重要意义和时代意义，不论是从个人修养、经济利益，还是从未来发展方面无疑起着非常重要的隐性作用，他会不知不觉地让你体会到知识给你带来的欢乐、自信和征服。古今中外有多少人不是在书中获取营养，使自己达到科学的最高峰；又有多少人不是在书中学习本领，把自己变成精神的享受者。

雷锋、达尔文、爱因斯坦、雷锋、魏书生等这样的成功人士的例子全世界有多少？我不想一一举例，教师应该明白只有读书才能让你的生活变得更加充实。

学会选择

"人生有涯知无涯"，如果把宝贵的人生阅读时间用于漫无目标的阅读，无疑也会收效甚微。果戈理的名著《死魂灵》中就有个名叫彼什伽秋的人物，他嗜书如命，什么书都读。结果，由于他毫无选择、毫无目标地阅读，最终还是一事无成。

数学家王梓坤说过，读书要选择。世上有各种各样的书：有的不值一看，有的只值看 20 分钟、有的可看 5 年，有的可保存一辈子，有的将永远不朽。即使是不朽的超级名著，由于我们的精力与时间有限，也必须加以选择。

"读第一流的书"。在浩如烟海的图书文章中，只要经过认真的筛选和比较，你就不难发现，属于某一学科的第一流的代表著作有哪些。只要熟读这些著作，你就可以领略学科的全貌，了解学科的前沿和发展。"读一流学者写的书"。所谓的第一流的学者，是指在该学科领域里最知名、最有权威的科学家、学者。他们站在该学科或研究领域的最前沿，洞察该领域发展源流和发展趋势。读他们写的书，能够全面、准确地了解该学科领域的发展。

要了解"第一流的书"和"第一流作者写的书"，其方法是通过推荐书目了解，或是请老师、家长推荐介绍。

定向阅读

中学教育对一个人来说是重要的基础，常常对一生的成长产生深远的影响。许多著名的科学家、学者都是在中学时期就确立了终生从事的目标。陈景润在中学时就决心献身数学，周仁在中学时就立志于研究中国的古陶瓷。因此，对于中学生而言，在广泛涉猎的基础之上，选择一两个"中心兴趣"进行大量的、较为深入的阅读，一定能够收到事半功倍的读书效果。

中学生的课余阅读潜力是很大的。有人对中学生的课内阅读量和课余阅读量作过对比统计：初中一年级学生在一学期内所读的各类教科书约共 70 万字，高中一年级学生在一学期内所读的各类教科书共计 130 万字；而在同一时间内，他们在课余进行感兴趣的课外阅读，阅读量分别可达 700 万字和 1000 万字，课内和课外的平均比值为 1：9。如此浩大的阅读量，如果我们能确立自己的中心兴趣，按自己的兴趣、目标、能力进行定向阅读，一定会有很大的收获。

掌握方法

列宁读书的速度和理解的深度异常惊人。有一次，一位老布尔什维克见列宁捧着一本很厚的外文书在快速翻阅，便问他要把一首诗背下来需要读多少遍，列宁回答说：只要读两遍就可以了。列宁之所以具有如此强的记忆力，是与他读书过程中的专心致志分不开的。他读起书来，对周围的一切就理会不到了。有一次，他的几个姐妹恶作剧，用 6 把椅子在他身后搭了一个不稳定的三角塔，只要列宁一动，塔就会倾倒。然而，正专心读书的列宁毫无察觉，纹丝不动。直到半小时后，他读完了预定要读的一章书，才抬起头来，木塔轰然倒塌……

这个故事说明，要想把书读透、记牢，必须高度集中注意力。古人早就说过："读书有三到：心到、眼到、口到。心不在此，则眼看不仔细。心眼既不专一，却只漫浪诵读，绝不能记，记亦不能久也。

三到之中，心到最急。心既到矣，眼、口有不到者乎？"因此选择适当的阅读方法是非常重要的。

华罗庚教授把读书的过程归纳为"由薄到厚"与"由厚到薄"两个阶段。他说："一本书，当未读之前，你感到就是那么厚；在读的过程中，如果你对各章各节又作深入的探讨，在每页上加添注解，补充参考材料，那就会觉得更厚了。但是，当我们对书的内容真正有了透彻的了解，抓住了全书的要点，掌握了全书的精神实质后，就会感到书本变薄了。愈是懂得透彻，就愈有薄的感觉。这是每个科学家都要经历的过程。这样，并不是学的知识变少了，而是把知识消化了。"

伟大的物理学家爱因斯坦总结出的"一总、二分、三合"读书法，可资借鉴。

一个学生在读书时代读不读几百本书，那能算合格的学生吗？良好的读书习惯对于一个人的个性修养和社会适应能力有着非常重要的作用，让每个学生都有认真读书的时间和兴趣。长期坚持下去，学生就会养成良好的读书习惯，并终生受益。同时不定期的举行一些读书活动或者竞赛，多鼓励学生去认真读书，让学生明白书是知识的宝库，是伟大智慧的结晶，也是人类文明的阶梯。

解放学生的时间与空间，为了学生的发展，引导他们读书吧！

21. 培养读书兴趣

读书是一种高雅时尚的事物，在我们每个人的思想深处都渴望读书，也都愿意读书。那么，为什么在我们的身边却总会有些人一拿起书来就会头痛呢？还有一些人只是在无聊的情况下为了打发时间而看书呢？还有一些人只是为了追求时髦而看书呢？这些现象形成的主要原因就是在读书的初期没有养成良好的读书兴趣。

说起读书，我们从学生时代就已经开始了。在那时我们对书只是做着被动的接受和阅读，所以，在思想深处会产生一种对读书的强迫感和压抑感。

我们都知道，人的成长是分成不同阶段的。学生时代读书是为了掌握良好的基础知识。而掌握良好基础知识的主要目的就是为了让我们更好的去适应社会实践的需求。而基础知识又无法直接转化为指导我们社会实践的方法。为了尽可能的缩短基础知识向社会实践方法的转变时间，我们只有把这些基础知识通过前人留在书籍里的经验转化为可指导我们社会实践的有效方法。从这个角度来分析，我们就很是有必要养成一种良好的读书兴趣，来快速准确的转化书籍里的知识来为我们所用。

读书的过程其实就是认识自我和自我完善的过程。要养成良好的读书兴趣就要对自己的思维状况有个明确的认识，要选择一些通俗易懂的书来读；要选择一些独立的简短的文章来读；最重要的就是要选择一些与自己思维能力同步且与生活联系较大的短文来阅读。这样一来，在读书的初期基本上就可以养成良好的读书兴趣了。

选择一些通俗易懂的书籍来阅读

要对自己的思维状况有明确的认识是很重要的，也就是说，在读书的初期，要明确自己的读书目的，要掌握哪些方面的知识可以与自己的思维方式产生互补发展的作用。而后根据自己的思维能力来选择一些与之互补的基础性读物来阅读，以便对书的内容有较深刻的理解和认识来激发思维的想象力和创造力。

切记！不要认为通俗的就是简单乏味的。只有我们把书读懂了弄明白了，才会不断促进我们读书的欲望。因为要真正学会读书是需要一个过程的，要循序渐进的，所以在读书的初期要选择一些自己喜欢的、对思维方式有促进作用的通俗读物来阅读。在读书的初期，读书的多少并不重要，读的快慢也并不重要，重要的是读懂了多少。所以，在读书的初期要多读一些通俗易懂的好书，就是为了提高对书的理解能力。

选择一些独立的，简短的文章来阅读

这样的文章简捷明快，形式不拘一格，不但可以提高对书籍的理解能力，还可以提高对读书这种新生事物的接受速度。因为在读书的初期，由于初读者没有完全掌握良好的读书兴趣和阅读技巧就去读长篇复杂的书籍，会使初读者产生一种摸不着头脑的厌烦感而损伤读书兴趣。所以为了避免这种负面影响的产生，在读书的初期，选择一些独立的，简短的文章来阅读，这样可以促进初读者更浓厚的读书兴趣。

另外，选择一些与现实生活紧密相连的短文来阅读也是很重要的。因为读书不但可以提高我们的知识面，而且还可以提高我们的人格修养。用书中的理论经验与自身实际情况相结合来指导社会实践和提高对事对人的认识能力。如果书的内容与现实生活相距甚远，就会使初读者产生一种远水不解近渴的困惑感而对读书的远大意义产生疑问。所以初读者要选择一些与现实生活紧密相连的、与思维能力同步的书籍来阅读，不但有助于养成良好的兴趣，而且还可以提高对生活的认识和理解。

兴趣是一切事物发展的基本因素，而正确健康的兴趣则是事物发展的必须条件。所以，我们不但要培养对不同事物的兴趣，而且要养成良好的兴趣来推动新生事物向健康的方向发展。

书，是人类的精神灵魂，它不但可以使一个人变得高雅时尚，也可以使一个人坠入深渊，两者的差异很大程度上取决于读书兴趣的确立。由此可见，每一个读者在读书的初期养成一种良好的读书兴趣是一件多重要的事啊！

22. 序和跋的阅读

序是书中正文前的文字，跋是书中正文后面的文字，即通常所说的书前为序，书后为跋。前言、序言、代绪论、作者的话、编者的话、出版者的话、出版说明、再版前言或序言、后记、后序等都属于序跋之类。

序和跋的目的、任务和作用是向读者说明或介绍与该书有关的一些情况，如写书的时代背景，书的起因和目的，引用了哪些材料，参考了哪些著作，告诉读者在阅读中应该注意哪些问题。一篇较好的序或跋，通常都是高度地概括该书所得到的结论，并指出为达到这一结论所使用的方法，告诉读者阅读的重点和应使用的阅读方法。

例如，《资本论》的初版序一开始就说明《资本论》于 1859 年出版的《政治经济学批判》的关系，接着告诉读者阅读《资本论》应具备什么样的态度，还指出了该书的研究对象，阐明为什么以英国作为典型的例子，并告诉读者该书的目的和作用，最后指出该书的结构。

由此可见，序言和跋对读者有重要的指导作用，在读之前认真阅读序和跋，可以帮助读者深刻理解书的内容，有助于掌握其精神实质。

23. 二十五分钟读书法

毋庸置疑，读书贵在坚持。历史上的名人，许多是坚持每天读书的。孙中山先生一生酷爱读书，他曾说："我一生的嗜好，除革命之外，只有好读书。我一天不读书，便不能生活。"毛泽东的老师徐特立在学习《说文解字》时，因该书字体以篆体为主，难读难记，便坚持每天学两到三个字。晚上睡觉时，他还用右手指在左掌心里默写几遍，直至写会为止。爱迪生给自己规定，每天要读三本书。斯大林每天日理万机，但他的桌子上总是放着很多书刊。别人问他："您有时间读这些书吗？"斯大林笑着说："无论如何，我每天要读五百页书……这是我的定额，这是我在监狱里和流放中学会的。"

每天能有大量的时间来读书固然不错，然而，对于整天忙于繁杂工作事务的上班族或被繁重的功课压得喘不过气来的学生们来说，要每天拿出两三个小时的整块时间来读书，几乎是无法实现的奢望。在这种情况下，如果能坚持每天用时间的边角余料读一点书，久而久之，也会积少成多，见到成效。这就是本篇将要介绍的"二十五分钟读书法"。

根据美国心理学家和效率研究专家莱利博士的研究，人能够集中精力的限度是二十五分钟，如果超过二十五分钟，就要分散精力。所以，每天拿出二十五分钟的业余时间集中精力读书，这种方法就叫做二十五分钟读书法。

心理学实验证明，人们在二十五分钟的时间里，一般的书可以读二十页，约一万五千字。如果每天坚持，一个月就是六百页，一年的阅读量当于读二十四本三百页的书。

但是要切实施行二十五分钟读书法，并不是没有一点问题。莱利博士曾说，虽然实行了二十五分钟读书法，但是确实做好的只有最初的几个月，以后就停止了。要想等待以后有二十五分钟的时间再继续做下去，结果是"明日复明日，明日何其多"。过了一周，甚至于过了一个月，也无法再开始。英国教育家斯宾塞在《教育论》中说：

"必须记住我们学习的时间是有限的。时间有限，不只由于人生短促，更是由于人事纷繁。我们应力求把我们所有的时间用去做最有益的事情。"因此，要想改变拖延的恶习，必须下决心在每天早上开始工作前，就争取二十五分钟的时间来读书。必须养成习惯，每天切实坚持把握住二十五分钟来读书。那些成就卓著的历史名人尚能在百忙中挤出零碎时间来读书，对我们普通人来说，每天挤出二十五分钟来，就更应该不成问题了。

对于普通人来说，每天利用二十五分钟的零碎时间来读书，不仅可以增长知识，而且好处多多，乐趣多多，蒸饭的时候，可以看看小说；欣赏音乐的时候，可以翻阅杂志报纸；打毛线的时候，可以互相"吹牛"、聊天，交换信息，读"无字书"；坐火车、乘轮船的旅途空闲中，可以看看书报……

也许就在这精力集中的二十五分钟里，你的思维插上了联想的翅膀，天马行空，无边无涯；也许一些奇特闪光的思想、才华横溢的文章、富有灵感的科研设计之类的才情火花，便奇迹般地迸溅出来了。生命在于运动，情思在于动脑。宁静固然利于创作，但乘车坐船时的晃动，似乎更可以达到欧阳修写《醉翁亭记》时的飘然境界，这也许是车船两边不断闪动变化的自然景观所触发的产物。这种"人闲心不闲"的内在活动，填补了人身运动中的时间空白。

如果我们在一天的开始，即使心中很厌烦也耐心地找出时间来读书，当充分享受到上述"零敲碎打"的读书乐趣，并逐渐养成读书习惯以后，恐怕"假如有时间再说"之类的借口就不会再脱口而出了。

在一个人的一生中，如果不间断地每天利用时间的边角余料来读书，可以培养多么广泛的兴趣，可以涉及到多么丰富的学科知识。

凡在事业上有所成就的人，无一不是利用时间的能手。

24. 七步读书法

多读书是学好语文的一个重要途径。正如叶圣陶所说"自能读书，不待教师讲"。因而，掌握正确的读书方法对于提高语文学习效率来说颇为重要。下面七种读书方法可供借鉴。

文字疏通法

这是读书的第一要务，更是基本功。对于书中出现的生字，生词一定不要放过，而是应追根究底，彻底弄清它的读音、字（词）义。因而读书时应备一本字（词）典在旁，必要时它可以为你答疑解惑。

摘录积累法

读书时常会碰到许多优美、生动、意义深刻的语句、段落，这时便可以把它们分类摘录积累下来，留待以后查阅。摘录可以是几句，也可以是几段，不论长短，只要自己认为有益，能与自己情感产生共鸣，便可摘录积累。长期"厚积"方能为以后"博发、致用"打下基础。

圈点批注法

读书时可利用各种符号在书上做出标记。如用横线把要点划出来，用着重号把关键词语标出来，用浪线画出中心句，有疑问的地方用"？"，需要注意的地方用"※"。

也可以从内容、结构、语言、写作特点等方面作批注，或分析文章内容，或揣摩精彩语句。文字不在多少，只要言为心声，笔为情动即可，日积月累，作文便可有所借鉴了。

编写提纲法

读书时把一篇文章（一本书）的要点简明有序的记下来，就是编写提纲。提纲可以用自己的话来表达，也可用原文句子表达。每个要点前应标上序号，合理安排层次。长期坚持编写提纲，对掌握理清文章脉络、把握文章主旨有很大帮助。

自问自答法

读书时一定要边读边思，多问几个为什么。而且最好要自问自答，如实再答不上来，可查阅其他资料，或存疑留待日后解决。自问自答可以从以下几个方面入手。

（1）文章写了什么？

（2）怎样写的？（结构和写作技法）

（3）为什么这样写？（特点）

（4）写的怎样？（欣赏评价）

（5）从中学到了什么？（应用）如果把以上问题理顺，便能较好地把握文章主旨。

联想比较法

为拓展读书空间，拓宽阅读层面，读书时对同类文章（书籍）进行比较阅读是较为实用的方法之一。在吃透一篇文章（一部书）的同时，相关同类文章（书）也应有所涉猎，并进而掌握。这不但能使掌握的知识更加全面，而且更能提高对文章（书）的鉴别、欣赏、评价能力。

读写结合法

读完一篇文章（一部书），思想感情上总会或多或少、或深或浅地有所感悟。这时就应提起笔把它们记述下来。可以就事论事，也可以联系实际，写成读后感。写读后感应注意以下几个问题：

（1）要"读"、"感"结合，以"感"为主，"读"是"感"的前提，"感"是"读"的结果。要抓住感触最深的一点透彻地说理。

（2）要联系生活实际。只有联系实际，才能"感"得深，才能悟出新意。

（3）以议论为主，综合运用记叙、抒情等多种表达方式。亮观点、谈体会，要用议论的方式；概述原文内容，结合生活实际，却离不开记叙。

（4）作出结论，申明自己的观点。概括起来说，写读后感可分为"引"、"议"、"联"、"结"四个步骤。读后感写得好坏，是检验对文章理解是否深刻的最有效方法，同时也能提高写的能力，可谓一举两得。

以上七法，如能长期坚持，一定会提高你的阅读、写作能力，从而提高你的语文综合素养，学好语文将不再是一件难事。

25. "说三道四"读书法

"三余"法

即"冬者岁之余，夜者日之余，雨者时之余。"这是三国时魏人董遇的读书方法。董遇读书善于抓时机、抢时间，他充分利用冬天的农闲时间、晚上的业余时间和下雨天的闲暇时机，手不释倦，孜孜以求。

"三上"法

即"马上，枕上，厕上。"这是北宋文学家欧阳修的读书方法。欧阳修读书非常珍惜时间，他不但利用骑在马背上的一时一刻抓紧看书，而且还利用躺在床上入睡前的分分秒秒刻苦攻读，甚至连上厕所蹲坑的点滴时间都不放过，这种分秒必争的勤奋精神难能可贵。

"三到" 法

即"心到、眼到、口到"。这是南宋哲学家、教育家朱熹的读书方法。朱熹读书主张心、眼、口三者并用，缺一不可。他认为"心不在此，则眼不看仔细，心眼既不专一，却只浪漫诵读，决不能记，记亦不能久也。三到之中，心到最急。心既到矣，眼、口岂不到乎?"

"三不" 法

即不苟同，不固执，不苛求。这是原北大教授俞平伯的读书方法。"不苟同"是说读书时不要被别人的观点牵着鼻子走，要有自己的主见，"对别人的见解从不轻易附和"；"不固执"是说要有己见，但"不固执己见，一切服从真理"；"不苛求"是说"对不同的观点要宽容"，不要随便指责别人，说长道短。

"三步" 法

即一总二分三合。这是物理学家爱因斯坦的读书方法。所谓一总，就是先浏览书的前言、后记、编后等总述性的内容，再认真地读读目录，以概括了解书中的结构、内容、要点和体系等，以便对全书有个总体印象。

所谓二分，就是在读了目录后，先略读正文，这不需要逐字读，而着重对那些大、小标题，画线、加点、黑体字或有特殊标记的句段来读，这些往往是每节的关键所在。亦可以根据这些来选择自己所需要的内容来细读。

所谓三合，就是在翻阅全书的基础上，头脑已对这本书有个具体印象，这样再回过头来仔细读一遍目录，并加以思考、综合，使其条理化、系统化，以弄清内在的联系，达到深化、提高的目的，进一步深入领会初读时所不能领会的许多东西。往往人们在这一步上不得要领，看过书一扔了事。

"三思"法

即未读先思，正读反思，读后再思。

（1）未读先思。就是拿到一本书，先浏览目录，只要记住章节大小标题，即将书合上，按照书上提出的命题和结构进行思考，构成一本书的轮廓，然后开卷读之。边读边与自己推想的那本书进行对比，即知己之差距。

（2）正读反思。所谓正读，即首先要正确地理解原书的本义。反思，就是提出与书中命题的论点、论据相反的论点和论据，进行相反的论证，经过反复交锋，再决定取舍。取则不迷信，舍则有依据。

（3）读后再思。就是每读一本书后，再将自己的观点和书中的观点进行分析综合，从而提出质疑，予以修正，进则提出新的理论和见解。

"四为"法

即为学习而读书，为研究而读书，为创作而读书，为愉快而读书。这是我国杰出作家、诗人、历史学家郭沫若的读书方法。"为学习而读书"，是对每个人的基本要求。人是学而知之，只有认真读书，才能有所知，有所得，有所获。为求知而读书，是人生获得前进的动力，也是一种高尚的境界。

"为研究而读书"，是指一个人要想学有所成，必须以研究求索的态度去读书。"为创作而读书"，是说要多读多看古今中外的名人名作，从中得到启迪，激发自己的写作兴趣。"为愉快而读书"，是指充分利用工作之余的闲暇时间，读些轻松愉快、益于悦心的书籍，自得其乐。

"四要"法

（1）积微起纤，日积月累，不要眼高手低，好高骛远；

（2）广汇百家之流，不要固一家之言，偏执于一孔之见；

（3）疏篦条理，弃其糟粕，取其精华，不要囫囵吞枣，生吞活剥；

（4）要持之以恒，锲而不舍，不要一曝十寒，半途而废。这是伟大的马克思主义者、无产阶级革命领袖毛泽东的读书方法。毛泽东说他"一生最大的爱好是读书"，"饭可以一日不吃，觉可以一日不睡，书不可一日不读"，可见其读书决心之大、信心之足、意志之坚。早在湖南第一师范读书时毛泽东就写有一副自勉联："贵有恒，何必三更起五更眠；最无益，只怕一日曝十日寒。"这是他的切身经验，也是教诲后人如何读书的金玉良言。

26．五步读书法

浏览

这是读书的第一步，当拿到一本书后，首先应概要地读一读该书的提要、目录，以便对该书有个大体的了解。

发问

这一阶段，要读书中各章节的标题以及章节承上启下的内容，一边粗读一边提问。这样可以激发学习兴趣，促进自己的钻研。

阅读

如果说浏览、发问敲开了书本知识的大门，阅读则是登堂入室。阅读就是从头到尾细读，对重要、难解部分反复读。在阅读过程中，要做到眼到、口到、心到、手到，也就是边读、边思考、边圈点、边画杠杠。要尽可能将自己原有的知识和新知识结合起来，写眉批写心得，做读书笔记。以保存"知识印象"。

复述

即"回忆印象"，如俗话说的"过电影"。离开书本，回忆书中的内容，看在自己发问的题目上否获得了正确的理解。这是自我检查学习效果的方法，也是巩固记忆的手段。

复习

一般在复述后一、二天内进行，隔一段时间再重复一次，可以巩固已有的知识，又能温故而知新，从中获得新的体会。

27. 网络时代引导学生读书

现代社会日益加快的生活节奏以及沉重的学业压力，使青少年学生愈来愈"没时间"读书。而与此同时，有专家指出，功利性阅读，正影响着中国孩子的阅读品位和胃口，甚至可能造成他们对读书的怨恨。另外，以网络为代表的新兴传播方式的兴起，分流了受众，也使新一代青少年学生越来越"不习惯"传统的阅读方式。面对此种情况，愈来愈多的人们呼吁：不要让我们的孩子远离书香！网络时代，我们又该如何引导学生读书呢？

引导学生读书要遵循三大原则

培养学生良好的读书习惯，打造书香校园应是学校积极开展的一项活动。为此，我们要帮助学生建立科学的读书观，使他们对书籍产生浓厚的兴趣；努力指导他们掌握基本的读书方法和技巧，形成良好的读书习惯。而要开展好此活动需遵循三大原则：

（1）灵活开放原则。

组织学生开展读书活动应当坚持灵活、开放原则，不能强行对每一位学生统一要求、统一步调、统一内容，不能一刀切。要尊重学生的个体差异，最大限度激发学生读书的积极性和主动性，消除学生的自卑感，增强其自信心。让学生形成要读书、想读书的意识。

（2）引导激励原则。

开展读书活动要遵循引导与激励的原则。作为教师要积极引导学生达到《语文课程标准》要求的阅读量，对其进行课外阅读方法的指导和过程、情感态度与价值观的培养，使其爱读书、多读书、读好书、会读书、善读书，形成良好的读书习惯。

（3）循序渐进原则。

从学生课外读书的过程来看，它应该是一个"积累于现在，得益于未来"的过程，很难在短时间看到成效。因此，我们在开展此活动的过程中要注重建立学生读书成长记录袋，收集学生读书过程和结果的资料。要遵循循序渐进的原则，切不可操之过急，应让孩子一点点形成习惯，注重积累。另外，在读书互动中倡导同伴交流、共研共读，营造良好的读书氛围。可借助开展"我们争做小书虫"、"读书伴我快乐行"、"读书经验交流会"等活动，促进读书活动有效开展。

多措并举引导学生读书

（1）建立学生阅览室，开足学生阅读课。

为了让学生有时间、空间读书，近年来，我校不断加大投资力度，按照省级规范学校标准建起了宽敞明亮的学生阅览室，开足了阅读课，并严禁其他学科挤占学生阅读课时，为学生阅读奠定了良好基础。

（2）征求学生意见，不断购置新图书。

实践证明，图书质量是增强学生读书兴趣的重要因素之一，要让学生有书可读、有好书可读。因此，学校每年都召开学生座谈会，就图书购置问题征求大家的意见。在此基础上购置的新图书学生格外喜欢。

（3）引导学生科学把握网络阅读。

当前，网络已走进寻常百姓家，学生接触网络的机会很多，网络阅读已成为平常事。但是，实事求是地说，网络中的东西良莠不齐，对缺乏判断力的青少年学生而言，极易产生负面影响。所以，学校通过校园广播、宣传栏、专题班会、家长会等形式，积极引导学生正确认识网络，教育学生自觉远离网络糟粕，有选择、有计划地进行网络阅读。

（4）开展读书演讲比赛，激励健康阅读。

为确保阅读效果，激励学生养成健康阅读的好习惯，学校每学期都组织学生开展一次读书演讲比赛，让学生将读书心得大胆表达出来。这样，既提高了学生的阅读水平，又锻炼了学生的逻辑思维能力和语言表达能力，一举多得，何乐而不为呢？

网络时代引导学生读书应奏好三部曲

（1）指导学生选择好书籍。

学生尤其是小学生，他们读书的目的不明确，对书籍普遍缺乏辨别能力，分不清书籍的好与坏。因此，教师应注意引导学生阅读健康有益、积极向上的书籍，最好能列出具体的书目，要求学生定期阅读目录上的书籍，有条件的最好开设班级图书角等，想方设法激发学生的阅读兴趣。

（2）教给学生正确的读书方法。

部分学生在读书时，只追求紧张生动的故事情节，而对于书籍本身的内涵等则没有深究。教师要注意教给学生正确的读书方法，如泛读、精读、摘录好词好句、写读书笔记等，还要不定期进行检查和指导，帮助学生养成良好的读书习惯，以此来促进他们阅读水平的提高。

（3）鼓励学生学以致用。

许多学生不了解读书的重要性，不注意把书本知识转化为自己的知识，也不注意把书本有用的知识进行积累，不懂得灵活运用书籍上的知识。因此，教师可以创设情境，如布置学生阅读与课文有关的课外书，使课堂知识得以延伸；通过举行专门的课外阅读知识比赛、写读后感比赛等形式，使学生感受到学以致用的乐趣，以进一步促进其读书的自觉性。

把阅读当做朋友

兴趣是最好的老师，只有学生投入其中，亲身体会到阅读的妙处，把阅读当做朋友，才会在不知不觉中获得感受。

（1）化整为零，循序渐进。

起初指导学生阅读，我本着小步前进原则，每周利用两节阅读课，向学生推荐一部分书，学生自己搜集一部分书，可向学校图书室借阅，也可同学间互相借阅。教学生利用小时间段，选择喜欢的书阅读，并做好阅读笔记。坚持每月用一节班会，进行读书交流，展览阅读笔记，指导学生畅谈阅读收获。学生把阅读当做朋友，就会自觉扩大阅读面。

（2）见缝插针，丰富自己。

学生学习时间紧张，指导他们利用课余时间，多看看丰富多彩的书，既是一种休息方式，也是充实自身的手段。虽说网络时代浏览方便了，但作为求知的学生，学习时间固定，手捧书籍，寻找时间读上几页，浸润书香，记下优美的文段，比快速点击网页、走马观花好得多。

（3）书签标记，有所选择。

除了假期，学生阅读的时间相对来说不固定，所以指导他们利用好书签。书签不只是作为一次读书的记号，更重要的是把收获记下。读完一本书，大大小小、五彩缤纷的书签上真的飘起了书香。

教师先做读书人

教师应当是学生读书最重要的引领人，要做好这个引领人，教师应先是一位手不释卷的读书人。

（1）要坚持传统的读书方式。

无论是在家还是在学校，都要坚持手不释卷。最好是要让学生在不经意间看到教师的阅读状态。要学生读书，教师手里要先有书，孜孜不倦地读着，徜徉于书中，陶醉于其间，留连忘返，以榜样的力量引导学生走向传统阅读。其次要坚持谈书、评书。在和同学闲聊中、课堂教学过程中，穿插进自己的读书感受。谈谈近来所读之书，谈谈读纸质书与电子书的不同感受。告诉学生纸质书更能让人透过文字营造一个立体的世界，更能与作者一起漫游。读到一本好书，要介绍给学生，让学生形成阅读期待，产生想读那一本书的渴望，然后再引导学生走向图书馆，去寻找出那一本书。

（2）要学会读书方法。

并非是每一本书都需要读，教师要结合读书实践，总结积累读书方法，学会有效地读书，然后再将读书方法介绍给学生。让学生学会选择性阅读，精读、粗读、浏览相结合，减轻阅读负担，将阅读效果最大化，让学生看到阅读纸质书的现实意义。但也不需要禁止学生的电子阅读，而是让学生在传统和现代之间达到平衡，在走向现代的同时发扬传统，毕竟传统是根。

第三章

阅读的方法与技巧

1. 阅读方法的分类

　　语文教学的任务之一是培养学生的阅读能力。从宏观而言，阅读和写作一样是没有"定法"的；但从微观来讲，学生阅读课文也和作文起步一样，又确实有"法"可依。下面就优化方法、提高能力、结合教学的实践谈谈自己的一些体会。

比较性阅读

　　著名教育家乌申斯基说过："比较是一切理解发和思维的基础，我们正是通过比较来了解世界上的一切的。"从语文教学方面看，比较法是整个学习过程中不可忽视的方法。比较可以使学生在学新课时联系旧课，实现学习过程的正迁移，起到开阔视野，启发思路的效果。

　　在小学语文教材中，体裁相同而主题不同的文章，主题相同而体裁不同的文章，同一体裁、主题而选材不同的文章，都可以通过比较性阅读来了解其内容，揣摩其技巧。如《林冲棒打洪教头》和《三打白骨精》，学生进行比较阅读后，不难发现，二者的体裁都是小说，但可以跨越时空，去反映不同的主题。

　　前者反映林冲的正义，反映了人物的思想个性；而后者借助了文字反映了神话故事的内容。又如《安塞腰鼓》与《姥姥的剪纸》，同写人，都是表现了"技艺高超"这一主题；安塞腰鼓人技艺高超，姥姥剪纸技术强，但体裁不同。学生带着这些问题进行自读、分析，便会得出结论：要反映相同的主题，可以选用不同的体裁。

　　《姥姥的剪纸》采取记叙的形式，可以达到目的；而《安塞腰鼓》则运用散文这一形式，同样达到目的。再如《小草和大树》和《轮椅上的霍金》都是小说，都是通过描写人物的悲惨遭遇来激励人们不要向困难低头，但选材不同。

围绕选材的问题，学生反复通读两篇文章，便可以找到答案：《小草和大树》选材于英国，以夏洛蒂的生活遭遇为主要内容，反映了他们姐妹三人不屈的精神。通过对他们心里的刻画，反映人物的思想精神。

求解性阅读

教师根据一定的目的要求，向学生明确提出若干个带启发性的问题，让学生以自读的形式循文求义：从课文中寻找答案，划出要点，以便在课堂中发表自己的见解，这是求解性阅读。

这种阅读能否求解，关键在于教师提出问题的难易程度。过易，缺乏思考性；学生往往会觉得"易如反掌"；过难，思而不得，读而不知所措，学生会产生畏难情绪，丧失自读的信心。因此，一定要掌握难易程度。

如果课文确实较难理解，则可以提出几个阶梯性的问题，引导学生寻求正确的答案。最好的方法是：让学生对问题产生兴趣，似有所悟，跃跃欲试，甚至自发展开讨论，这就更能促进求解性阅读的自觉进行。

在教《青海高原一株柳》时，可以先板书出几道思考题让学生自读：为什么作者要写青海高原的样子？青海高原一株柳什么样的精神值得你欣赏？作者为什么要写家乡的一株柳，文章中你有什么启发？

学生根据思考题，认真阅读课文，既抓住了中心句，又知道了青海高原一株柳的精神，并了解作者的写作方法以及文章要表达的内涵：面对困难，勇于迎接并能勇于承受一定能战胜困难。

质疑性阅读

学生经过几年的启蒙教育，已经走出了思维的沙漠和智能的荒原，他们不仅有了完全属于他们自己的思维的绿洲，智能的园圃，而且具有一定的质疑问难的基本素质和判断是非的能力。因此，我们每一位教师都具有一种不可推卸的责任，想方设法提高学生质疑问难的自学性的科学性。

开始，学生可能提不出什么问题，教师可作示范性提问；当他们能提一些问题时，应积极鼓励，决不笑其肤浅、简单挫伤他们的自读质疑的积极性。学生经过一段时间的训练，如果能提出一些质量较高的问题，那就是"水到渠成"了。

质疑性阅读的目的，在于通过阅读，发现问题解决问题。弄清字、词的确切意思、用法以及大至篇章结构。人人都可以提出自己的疑问，然后由教师选择归纳成若干问题，师生共同讨论解决。

如学习《负荆请罪》，学生通过阅读，提出下列疑问：这篇课文以外拓展的前两个故事表面上是秦王与蔺相如唇枪舌剑的斗争，实际上是什么和什么斗争，是属于哪一方面的斗争？文中的三个故事都表现了蔺相如的什么品质？大家通过争论、辩解，终于晓知：秦王与蔺相如之斗，实际上是秦国与赵国之斗，是属于外交上的斗争，三个故事都表现了蔺相如以国家利益为重的可贵品质。

质疑性阅读是较高层次的阅读，在质疑性阅读中，解疑是最关键的举足轻重的一道程序，它直接决定着质疑性阅读的效果。因此，教师要讲求"技法"去引导学生释疑。有些疑点对于小学生如同"八卦阵"，学生钻进了没有老师的指引是钻不出来的。

然而，引导归引导，学生终究要自己"钻出来"，而且也只有学生自己"钻出来"才能识破迷津，走出迷魂阵。对这一类疑点，有的给予点拨即可，有的应提供思路，还有的则不仅要扶"上马"，还应"送一程"。

如果说，质疑性阅读是较高层次的阅读，那么，创造性阅读则是更高层次的阅读。这种阅读要求教师应顺应学生的思维规律，并加以恰当的点拨和引导，使学生的思维散发，在阅读中实行再"创造"。

这种既能培养学生认真研读课文，深入理解作品的习惯，又利于开拓学生的发散思维，发挥他们的创造能力。

古人读书贵在"自得"，又云"书读百遍，其义自见"，意思是对一篇文章只要多读，熟读就能大有益处，不用解说，自晓其义。有口无心的读不同于专心致志的读，盲目的读有别于自学的读；应付式的读"食不知味"，有目的的读"津津有味"。

因此，需要教师通过启发、诱导，使学生带着明确的目的，获取最佳的读法，专心致志地、自学地去坊、边读边议，比较异同，释疑解难，力求创新，从而逐步提高阅读能力和分析能力，以适应未来的需要。

2. 阅读能力的作用

语文教学的重要方面是课文的阅读，通过阅读不断提高学生的阅读能力。学生的阅读能力是获得其他能力的基础。因此，在语文教学中必须把培养学生的阅读能力放在首位。尤其在小学中年级的语文教学中，培养小学生的语文阅读能力更为重要。下面我就阅读教学对培养学生发散思维能力和时间能力的作用，浅谈一下自己的薄见：

在小学语文教学中的重要地位

俗话说得好："书读百遍，其义自见。"这一句话便可知我国古代的教学方法对诵背的强调，但在现代人眼中这似乎十分落伍。实际上古人这样做也不是完全没有道理的，只有读熟了课本才有可能更好地理解课文。

在过去和当前的教学中，阅读教学往往是教师事先设计好问题，学生被动回答的过程，学生自己想的东西很少。这就使学习陷入被动，不是让学生自主的去学习，而是逐渐适应了这种灌输式的教育，因此不能培养学生积极思考的能力。

因而阅读教学应做到让学生感知后有所领悟，能够积极主动的有感而发，在自己真正领悟之后，抒发自己的感受和理解。只有这样我们的阅读教学才能算是一个完整的过程。然而很多教学实践也证明，学生的阅读能力是发散思维能力、实践能力和其他能力的基础。

对小学生发散思维能力的培养

小学生天真烂漫，生活阅历基本上是一张白纸，对课本上的课文内容不能清楚准确地了解，老师在教学生识字、辨字、写字的同时，不要忽视对课文内容的讲解。中国地域辽阔，课文内容涵盖了大江南北的山水、气候、风情，小学生以直观思维能力为主，不可能理解到远于自己生活之外的知识。

因此老师在讲过课文内容后，让学生反复阅读课文，仔细体会文中包含的丰富内容，让学生讨论，逐个表达对课文的理解，老师在最后做深入的点评，培养小学生的发散思维能力。

例如，苏教版的小学三年级下册语文第三课《庐山的云雾》，这篇课文主要描写了庐山的云雾奇幻的美丽，激发学生对祖国山河的热爱。但是，学生对于庐山云雾的印象也仅仅限于自己的想象，很少有学生真正的到过庐山，亲眼欣赏过庐山云雾的美丽姿态。

因此，要想教好这篇课文，就必须让学生熟读课文，老师通过对课文的讲解，培养学生的发散思维能力。使学生通过阅读、老师的引导、多媒体课件的渲染、激发学生的想象，联想到庐山云雾的千姿百态和瞬息万变。加深对课文的理解，激发学生热爱祖国大好河山、热爱新生活的豪情。通过学生思维的发散，运用丰富的想象学习这篇课文，就收到了事半功倍的效果。

对小学生实践能力的培养

学以致用，学生们从课本上所学到的知识都是为了在实际生活中的应用。因此，在语文教学中培养学生的实践、动手能力尤为重要。如何培养学生的实践能力？就要要求学生们学会阅读，教师们抓好阅读教学，从阅读中培养学生的实践能力。

可以说，阅读教学是学生获得实践能力的重要源泉。学生们在实际生活中，只有把书本上的知识与生活实际连在一起，才能使知识能力两者兼顾，一箭双雕。所以，通过阅读提高学生的实践能力是语文教学中的一项重要工作，从小培养学生的实践能力更为重要。

例如，对苏教版的小学三年级语文上册《掌声》的教学，就可以通过阅读教学培养学生的实践能力。这是一篇叙事的课文，课文中通过同学们给小英的掌声，给了小英鼓励和信心。让学生懂得不能取笑别人的缺点，要相互友爱的道理。

在教学中，通过小英前后生活的对比，让学生理解为什么小英的生活发生了这样的变化，然后将自己的理解和懂得道理带到生活中。每个人都是有缺点的，你是否有嘲笑别人缺点的时候？通过这样的教学，从反复的阅读中让学生明白：人无完人，每个人都有缺点。我们不应该去嘲笑他们，应该友好的对待每一个同学。

总之，语文教学是一个难以很好把握的大课题，需要每个老师依据教学要求，根据学生实际，把握阅读教学的要点，以阅读教学作为语文教学的突破口，让学生都能自主的学习、自主的思考、自主的质疑、自主的感悟。培养好学生的阅读能力，以达到发散思维能力、实践能力及其他能力的共同提高。

3. 阅读对学生写作的作用

在文学创作中，一直强调"生活是文学创作的唯一源泉"。因此，在中学作文教学中，许多教师也着重强调"生活"对写作的作用，而忽视了"阅读"对于写作的作用。其实，在中学生作文训练中，阅读应该是提高写作能力的一个重要甚至是主要的途径，它对培养学生的写作能力、提高写作水平有着极为重要的作用。

可使学生累积写作素材

生活是文学创作的唯一源泉，任何文学作品都是生活的直接或间接的反映，中学生的作文也应该是生活的反映。但由于中学生这一群体具有其特殊性，他们的学习甚至生活的主要阵地都在学校，他们的主要任务是通过课堂学习掌握知识和技能。

因此，他们不可能像作家一样长期投身于生活的海洋中去，他们还不可能与社会生活有密切的接触，还不可能去做社会生活的主人。所以，要想提高小学生的写作水平，就必须在课堂及课内外阅读上多下工夫。

因为中学生通过阅读所了解、掌握的书本的内容，也是一种生活，甚至是一种更广阔的生活。这种"生活"大多是经过艺术加工的，至少是经过作者精心锤炼过的，古今中外的生活都可以得到反映。

这样，就可以弥补他们接触社会生活的不足，对作文所需要的"生活"有了一定的认识，即间接地从书本上了解了生活现实，为他们的写作提供了所需的材料。同样，阅读多了，积累也就丰富了，学生也不再会有"茶壶装饺子，难倒不出"的苦闷和"巧妇难为无米之炊"的尴尬，解决了学生中普遍存在的"不知写什么"的问题。

可提高学生的语言能力

语言能力，可以说是作文能力的重要组成部分。在写作过程中，语言能力较低的学生通常言不达意，想要说的意思或内容难以表达出来或是表达不准确，甚至表达错误。这种现象，其实就是学生语言能力低的表现。

而通过阅读，如坚持多读一些古今中外名著，那些名家的精彩、生动的语句对学生的语言表达、语感受的培养实在是大有益处的。受阅读的影响，爱看中国现代名家小说的学生，其作文的语言或多或少都带有那些名家的痕迹，有的如鲁迅的"精警而风趣"，有的如乡土小说家的"质朴中显精妙"，有的如郁达夫的"伤感沉郁"；有的"细腻"，有的"委婉"，有的"清妙"。

爱看唐宋诗词的学生，其作文语言则既有模仿李白的"浪漫豪放"，也有学习杜甫的"沉郁顿挫"，还有与李清照的"婉约"、李商隐的"感伤惆怅"等相仿。更为难能可贵的是，他们大多都吸收了中国古典诗词中的含蓄、隽永、简约、明白等语言风格，并在其作文中有初步的或是简单的体现。

由此可见，在阅读中，在对古今中外名著的大量欣赏中，学生可以尽情的在文学海洋中徜徉，体味到文学的奥秘，因而在不知不觉中培养、加强了语言能力，增强了语感。这样，就有效的解决了学生作文中"写得干巴巴"、"语病多"的问题。

可培养学生作文想象力

文学源于生活，它是对生活的真实再现。但是，它又高于生活，它不只是生活的简单的反映，它是经过作者的艺术加工而成的。是对生活的集中的、概括的反映。

也就是说，它是对众多现实生活素材通过"艺术再创造"而成的。而这个"艺术再创造"的过程，就离不开思维想象过程。因此，在中学生写作中，想象思维能力是十分重要的，没有想象思维，写作的内容就难以生发，意境就难以深远，主题就难以深刻。

而文学作品中准确、生动的艺术形象描绘具有强大的感染力，能够刺激读者的感官，作用于大脑，引发相应的再造想象。学生因此可在默读、精读、反复诵读的过程中通过想象去领会作品的意象和意境、所表达的主旨和逻辑安排。在想象、思考中阅读，在阅读中想象、思考。

这就无形中培养了想象、思维能力。学生在写作中便可在生活（包括通过阅读从书本上了解到的生活）真实的基础上，对各种素材进行取舍、进行"艺术再创造"，这就解决了学生作文中"有很多材料，但不知写哪些好"、"不知怎样写"的问题。

4．培养数学阅读能力的意义

阅读是人类社会生活的一项重要活动，是人类汲取知识的主要手段和认识世界的重要途径。现代及未来社会要求人们具有的阅读能力已不再只是语文阅读能力，而是一种以语文阅读能力为基础，包括外语阅读能力、数学阅读能力、科技阅读能力在内的综合阅读能力。

因此，在只重视语文阅读能力培养的学校教育中，加强数学阅读教育研究，探索数学阅读教学的特殊性及教育功能，认识数学阅读能力培养的重要性，就显得尤为重要。

有些家长总对我说："老师，孩子做计算题还行，就是解应用题不会分析，有的题孩子解答不出时，只要我将题目读一遍，有时甚至读到一半时，他就会叫道'哦，原来如此!'"这是为什么呢？原因就出在学生的阅读能力上。培养学生的阅读能力，使他们获得终身学习的本领，是非常必要的。

高中学生数学阅读的现状

为了进一步了解中学生当前的阅读状况，便于在今后的教学中进行学生数学阅读能力的培养，笔者对所教的高一（9）班的中学生在衔接课及第一章《集合》的教学中，安排了数学语言阅读能力测试环节。

对于阅读数学教材的主要困难，多数学生认为是数学语言太抽象、内容太枯燥。数学语言的严谨性和抽象性是数学工具性的基础，体现了数学学科特点，也是数学魅力的一种展现。学生对这种抽象语言的评价情况正反映出他们数学阅读能力和数学学习能力的现状，然而理解和吸收这些抽象的数学语言正是阅读数学教材要突破的核心问题。

笔者在教学中加入阅读教材的部分，在个别班级的数学课堂上也安排了阅读时间。为了真实反映学生的数学阅读能力，我在讲授集合《子集、补集、全集》一节时安排了数学语言中自然语言、符号语言和图形语言转换的环节，对本班学生测试，调查学生现有数学阅读能力及具体阅读方法。

测试结果表明，所有学生在阅读数学材料时习惯于勾画重点，能有效地运用数形结合思想等数学思想来理解材料，进行知识的类比迁移。但是数学学习能力不同的学生在阅读过程及之后的练习中也表现出明显的差异：

（1）学习主动性的差别

在材料中，关于补集定义的 Venn 图，我并未直接给出，成绩较好的学生可以自己直接画出，而成绩相对较低的同学需要我给出图像。

（2）语言转化意识不同

在 PPT 课件上给出补集的文字定义，成绩较好的学生可以主动写出其符号形式，而成绩相对较低的学生直到阅读下一页时，才会从 PPT 中感知其数学符号形式。

（3）数学思维能力不同

数学能力较强的学生能够感知材料中的个别元素，也能感知那些"有数学意义的结构"，并可以意识到材料中隐蔽着的问题。但是成绩不太好的学生只是直接接受结论，而不能进一步扩展思考，其数学思维比较被动。

综上所述，现今大部分中学生具有一定的数学阅读能力，但是往往忽视了数学教材阅读在数学学习中的作用。后进生在数学阅读上还存在一定的障碍，主要是由于数学课程语言的抽象性及其内部灵活转换的特性所造成。

培养数学阅读能力的意义

学生智力发展的诊断研究表明，学生的"数学语言"的特点及掌握数学术语的水平，是其智力发展和接受能力的重要指标。数学语言发展水平低的学生，课堂上对数学课程语言信息的敏感性差，思维转换慢，从而造成知识接受质差量少。

教学实践也表明，数学语言发展水平低的学生的数学理解力也差，理解问题时常发生困难和错误。因此，重视数学阅读，丰富数学语言系统，提高数学语言水平有着重要而现实的教育意义，其独特作用甚至是其它教学方式所不可替代的。

（1）有助于数学语言水平的提高

所谓数学交流是指数学信息接收、加工、传递的动态过程，狭义指数学学习与教学中使用数学语言、数学方法进行各类数学活动的动态过程。而数学交流的载体是数学语言，因此，发展学生的数学语言能力是提高数学交流能力的根本。

然而，学生仅靠课堂上听老师的讲授是难以丰富和完善自己的数学语言系统的。只有通过阅读，作好与书本标准数学语言的交流，才能规范自己的数学语言，锻炼数学语言的理解力和表达力，提高数学语言水平，从而建立起良好的数学语言系统，提高数学交流能力。

（2）有助于发挥数学教科书的作用

数学教科书是数学课程教材编制专家在充分考虑学生生理心理特征、教育教学原理、数学学科特点等诸多因素的基础上精心编写而成，具有极高的阅读价值。

可是，目前我们广大师生并没有很好地利用教科书，仅把教科书当成习题集。这正是教师讲解精彩而仍有一些学生学习成绩不理想现象产生的原因：缺少阅读教科书的环节。

美国著名数学教育家贝尔对数学教科书的作用及如何有效地使用数学教科书曾作过较为全面的论述，其中重要的一条就是要把教科书作为学生学习材料的来源，而不能仅作为教师自己讲课材料的来源，必须重视数学教科书的阅读。其实，我国义务教育数学教学大纲中已明确指出，教师必须注意"指导学生认真阅读课文"。

（3）符合"终身教育和学习"的思想

众所周知，未来社会高度发展，瞬息万变，这决定了未来人不仅要有扎实宽厚的基础知识功底，更需要他们有较强的自学功底从事终身学习，以便随时调整自己来适应社会发展的变化。而阅读是自学的主要形式，自学能力的核心是阅读能力，因此，教会学生学习的重头戏就是教会学生阅读，培养其阅读能力。

（4）有助于个别化学习

这样能够使每个学生能通过自身的努力达到各自可能达到的水平，实现新课程的目标。新课程的全新理念是"不同的学生学习不同的数学"，实现这个目标仅靠集体教学是办不到的，其有效途径是集体教学与个别学习相结合，而有效个别学习的关键是学会阅读。

研究也表明，构成一些学生学习数学感到困难的因素之一是他们的阅读能力差，在阅读和理解数学书籍方面特别无助。因此，要想使数学素质教育目标得到落实，使数学不再感到难学，就必须重视数学阅读教学。

（5）符合未来高考命题的趋势

现在高考题中信息题的比例越来越多，更需要学生掌握一定的数学阅读能力。

5. 培养学生阅读能力的过程

过程是相对于学生的学习过程，而不是教师的教学过程。过程是指相对学生来说，是在学习某一知识、运用某一技能、体验某一情感态度价值观的时候，需要经历一个感知、理解、运用或实践的过程。方法即在这一过程中学到某一方法，或运用某种已掌握的方法来进行学习。

教学时要注重"过程和方法"

这是不重视学习过程、只片面注重学习结果而出现的普遍现象。过去，无论是教师还是学生家长及社会舆论，看重的都是学生的最后成绩，而忽视学生在学习过程中的辛勤付出，忽视了学习方法的指导。

教师教学时注重的是如何把知识、结论准确地给学生讲清楚，学生只需全神贯注地听讲，把老师所讲的内容记下来，考试时准确无误地照搬在卷子上就行了。这样把形成结论的生动多样的过程变成语文知识的条文背诵，从源头上分离了语文知识和语文素养的内在联系，导致学生"两耳不闻窗外事，一心只读应试书"。

语文学习已成为学生的一个沉重负担，学生厌学甚至逃学也就是情理之中的事了。这种情况如果得不到改变，语文教学是很难有出路的。

学生学习的过程不仅是一个接受知识的过程，而且也是一个发现问题、分析问题、解决问题的过程。这一过程既是暴露学生产生各种疑问、困难、障碍和矛盾的过程，又是发展学生聪明才智，形成独特个性和创新成果的过程。

孔子说："学而时习之，不亦乐乎?"可以看出孔子眼中的学习过程是一个享受快乐的过程。在语文教学实践当中，教师应当与学生建立民主平等友好的关系，充分尊重他们的个性及表现，把学习过程中的发现、探究等认识活动凸显出来，让学生经过一系列的质疑、判断、比较、选择以及相应的分析、综合、概括等多样化的过程，真正理解学习内容，巩固知识阵地，这样也有利于学生创新精神和创新思维的培养。

对于在学习过程中表现较好的学生，教师要及时地鼓励和表扬；对在学习过程中表现得很努力但结果又不太好的学生，教师也要充分肯定他在这一过程中的表现，帮助其找出在学习过程中存在的缺陷，并分析其中的原因，提出改进的建议，让每一个学生都体验到学习过程的快乐，学生学习起来才会有兴趣、有劲头。

方法是学习的钥匙

方法是学习的钥匙，好的学习方法能帮助学生轻松地打开语文宫殿的大门。语文新课程标准倡导学生在教学活动中主动参与、乐于探究、勤于动手，给我们带来了很好的启示，完全改变了以前那种强调接受学习、死记硬背、机械训练等简单枯燥的学习方式。

在教学过程中，教师应积极引导学生去探索、去体验、去感悟、去质疑、去表达，让学生积极参与讨论式学习、辩论式学习、合作式学习、探究性学习、综合性学习，在各种学习方式中逐步领会和掌握科学的、实用的、灵活的学习方法。

教师还可以在课余组织语文学习方法交流会，请优秀学生谈谈自己的学习方法，和大家一起研究语文学习的方法。还可以在各种媒体上收集语文学习的各种经验和方式方法，组织学生一起学习。方法对头了，学习语文也就事半功倍。

过程是相对于学生的学习过程，而不是教师的教学过程。过程是指相对学生来说，是在学习某一知识、运用某一技能、体验某一情感态度价值观的时候，需要经历一个感知、理解、运用或实践的过程。方法即在这一过程中学到某一方法，或运用某种已掌握的方法来进行学习。

6. 影响英语阅读能力的因素

《普通高中英语课程标准》指出："高中英语教学要着重培养学生获取信息、处理信息、分析问题和解决问题的能力，特别注重培养学生用英语思维和表达的能力。"

近几年的高考英语试题不仅加大了阅读量，设题方式也越来越注重对学生深层次阅读理解能力的考查。这既是对英语课程标准要求的体现，也反映出高考试题命题的变化趋势。

因此，大力提高学生的阅读理解能力是高中英语教学的当务之急。本文将探讨影响阅读理解能力提高的原因，以及提高学生阅读理解能力的策略。

影响阅读理解能力提高的原因

（1）急功近利的阅读教学

长期以来，很多高中英语教师一直重视培养学生的阅读理解能力，但大多数教师的阅读教学局限于以应试为目的的阅读训练，并没有从提高学生获取信息能力的角度进行阅读教学，也没有对学生阅读习惯和阅读兴趣的培养给予足够重视。

不少老师在阅读教学中多采用应试的强化训练模式，导致学生长期处于被动阅读的状态。学生能接触到的阅读材料基本上是教材、试题和复习资料。这些材料不仅形式单一，而且内容陈旧，不能激发学生的阅读兴趣，也不利于提高学生的阅读能力。

教师训练学生阅读的方法基本上是解答高考阅读理解题，学生在教师的指导下阅读规定的材料，然后从设计好的题目中选出最佳答案。在整个训练过程中，学生始终处于被动阅读中，失去了自己的思维空间和思考动力，在整个阅读过程中，阅读仅仅是为了做题目。

另外，不少教师的教学中心失衡。当前的江苏牛津版教材提供了大量的阅读材料，其中的课文不仅在篇幅上有所增加，材料的选择和难易度与以前的教材相比有了较大的改进。

虽然新教材具有信息量大、时代性强以及符合中学生阅读心理和兴趣等优点。但在实际教学中，不少教师仍把阅读材料分解成孤立的语言知识点进行教学，在很大程度上弱化了英语材料的应有功能。另外，阅读能力与学生的兴趣、志向、习惯和意志等非智力因素密切相关，而这些品质显然不能通过单一的应试强化训练来培养。

目前，许多高中教师在阅读教学中更注重利用学生的智力因素，而忽视非智力因素的作用。学生在阅读时也抱着应试的心理，所以阅读质量和效果就自然会大打折扣。

（2）不良的阅读习惯

阅读是理解和吸收书面信息的手段，阅读能力包括阅读理解能力和阅读速度两个方面。快速阅读是在大量阅读训练过程中培养发展起来的。而一些不良的阅读习惯严重制约着阅读速度。这些不良的阅读习惯包括边看边读、复视和"精耕细作"式阅读。

边看边读是影响学生阅读速度的重要因素之一，学生普遍有边看边读的不良习惯。教师和学生都知道朗读的重要性，却忽视了其消极的一面，如果一个学生看什么都要"念"，那么他的读速就永远得不到提高。

边看边读容易使人感到疲劳，"念"书时，学生经常要把注意力分散到一些词的发音上，尤其是碰到生词或者不知其确切发音的词时，学生往往要反复念几遍。这种停顿会影响思维的连贯性，使得大脑对文字信息进行分析、综合、概括的思维不时中断，然后又重新开始。由于大脑负担加重，有效阅读时间必然会缩短，有碍于对文章的整体理解。

边看边读的形式包括朗读、默读和心读。心读时尽管发音器官没有明显的动作，但读书人的心里却在一字一字的念着。无论哪一种程度的边看边读都有碍于阅读速度的提高，长此以往，既降低阅读速度，也影响阅读理解能力。

复视习惯也影响阅读速度。复视就是重复阅读某些单词或句子，复视次数频繁必然会影响阅读速度。阅读理解能力差的学生经常重复阅读刚看过的单词和词组。

这不仅是因为他们的语言水平较低，其中还存在着一些心理障碍，即他们对自己的阅读能力缺乏信心，总以为没有看懂，阅读时不去努力探寻文章的基本思想和内容，而是抓住一个一个单词不放。阅读能力强的学生也会复视，但他们只是偶尔重复阅读某些关键性词句。

阅读能力差的学生的复视行为往往是习惯性的，次数相当频繁，即便是一些熟悉的词语或不难猜测其含义的生词也要往返阅读。

另一个影响阅读速度的习惯是"精耕细作"式阅读。许多学生英语阅读能力较弱，主要原因就是他们长期习惯于"精耕细作"式阅读方式，无论看什么文章，都喜欢逐字逐句地读，跳过几处难点总觉得心里不踏实，并过分依赖字典。

不少学生认为看一篇文章最好是能彻底弄清其含义并掌握其中几个有用的句型及新词，否则就是一无所获，浪费了宝贵的时间，此观点有很大的片面性。

把注意力过分集中于"精耕细作"式的阅读上有碍于学生知识面的扩大，也不利于培养学生在快速阅读过程中准确抓住文章中心大意的综合概括和理解能力，因而在极大程度上影响了阅读速度。

提高英语阅读能力的策略

造成学生英语阅读能力不强的原因是多方面的，其中有应试教育的影响，也有教学思路陈旧、教育观念滞后以及不良的阅读习惯等诸多因素的影响。作为一个英语教师，应该从教与学的实际出发，提高认识，解放思想，更新观念，拓宽教学视野，改进教学方法，帮助学生提高英语阅读能力。

（1）提高认识，拓宽视野

未来社会需要的人才不是可以容纳大量知识的"机器"，而是能从知识的海洋中提取、分析和处理信息的高手。这就需要教师设法让学生带着目的去阅读，并获取所需的信息。同时，教师还应引导学生尽可能多地利用网络资源进行阅读，以拓宽学生的视野，增加他们的阅读量和拓展获取信息的途径。

（2）注重实际，激发兴趣

心理语言学认为，内在动机是持续学习和取得优异成绩的真正动力源泉，而内在动机是由兴趣产生的，因此，兴趣是学好语言的关键，兴趣是成功的基石。正如一位名人所言"有了兴趣就等于成功了一半"。

培养学生阅读能力的重要途径之一是激励学生对阅读产生兴趣。这就需要有意识有计划地指导学生阅读，引导学生积极阅读；另一方面要通过多种渠道和途径实施阅读教学，培养学生持久的阅读兴趣。

（3）精心选材，难易适中

许多学生在做阅读理解题时普遍存在畏难情绪。要使学生对阅读有兴趣，选材非常重要。

首先，难易要适度，材料过分容易，学生读起来没有兴趣。过深过难，学生虽然读了，但不能理解其内容，就失去了阅读的意义，也会使学生丧失信心。难易程度以阅读后理解的正确率达到 $70\% \sim 80\%$

为宜，低于这个比例的材料就偏难，高于这个比例就太容易。太难太易都不利于阅读能力的提高。

在具体的阅读训练中，教师应根据文章篇幅的长短和内容的难易程度，科学地设定阅读时间和检测题目。对于篇幅较长、信息量较大但难度适中的阅读材料，可以采取快速阅读的方式，只要求学生捕捉重要信息和理解文章大意即可。

对于句子结构较复杂且生词较多的阅读材料，可以让学生通过查阅字典和上网搜索等手段自主学习，让他们亲自经历解惑释疑的过程，并充分感受成功的喜悦；对于反映社会深层问题的阅读材料，可以设计思考型问题，以培养学生分析问题的能力；对于体裁和结构清晰的阅读材料，应让学生了解不同文体的写作方法和技巧。

（4）立足课堂，活用教材

高中英语教材中的课文是教学的中心，因此，教师应善于结合不同体裁和题材的文章，以提高学生对阅读材料的整体理解和把握。

教师应根据文章的体裁引导学生从不同角度关注材料的细节，并获取有用信息。阅读记叙文时，教师应要求学生把握五个要素，即时间、地点、人物、事情经过和结果；阅读人物传记类文章时，应要求学生抓住文章的主线，注意时间词和方位词的运用、人物的年龄和出场顺序以及人物间的关系。

阅读说明文和科技小品类文章时，教师应要求学生注意文中事物的名称、日期、数字比较、功能和作用等；阅读新闻报道时，教师应先让学生确定行文方式是顺叙、倒叙还是插叙，对文中的数据不能简单地累加，对文中提到的地点方位要找准大致的参照物等。

注重方法，讲究策略

考试题允许有不注汉语的生词，这就要求教师在平时指导学生时告诉他们，如遇到生词，切勿惊慌，只要抓住一定的线索，运用一定的方法，就可以猜出其意思。

猜词的方法多种多样，可根据构词法知识、定义或解释说明来猜测词义，也可根据对比关系、因果关系以及上下文暗示来猜测词义。

要求学生遇到较易的题时，要快中求稳；遇到难题时要冷静思考，慢中求对。如遇到个别难题，知道在哪个段落，就指导学生直接阅读该段落。另外，在阅读一遍后，不妨再回到该段落，对其中的细节结构再进行仔细推敲，最后选出最佳答案。

在阅读过程中，教师应提醒学生避免一些不良阅读习惯。改朗读为默读，因为正常的默读速度要比出声朗读的速度快两倍以上。因此，培养学生用眼快速扫视的阅读习惯很重要。

改心读为义读，教师必须努力使学生在阅读时养成直接用英语思维的习惯，因为心读同样影响阅读速度。改复视重读为自信阅读，在树立能读懂的自信心的同时，还要强迫自己的目光从左到右移动来大量阅读难度适宜的读物，这样学生就不会因遇到生词或不太懂的词语句子或段落而回过头来再看，以克服复视的不良习惯。

改"精耕细作"阅读为按意群默读，教师应培养学生快速阅读的能力，让眼睛在每次停顿前，尽可能地多看几个词，把注意力集中在了解文章的大意上，不逐字去抠意思。另外，还可以让学生熟练掌握固定短语句型习惯搭配，以短语或句子为单位把文字送入眼睛输入大脑。

总之，正确的阅读教学方法有利于学生提高阅读技能。教师只有通过研究学生的认知特点和阅读策略，才能制定出切实可行的阅读教学法。当然，学生掌握了阅读策略并不等于阅读水平就一定会提高。

学生的年龄、性别、兴趣、认知风格、性格差异和已有的学习经验都会对阅读理解产生影响。教师应充分重视这些因素，并加强对个别学生的指导，并持之以恒地坚持下去，才能有效地提高其阅读理解能力。

7. 提高英语阅读能力的方法

阅读的过程是对语言的认知过程，阅读有助于巩固和扩大词汇、丰富语言知识、提高运用语言的能力。阅读可以训练思维能力、理解能力、概括能力与判断能力。"侧重培养阅读能力"是教学大纲规定的英语教学目的之一，是培养学生理解和运用英语技能的一个基本方法，又是落实交际实践性的主要途径。

英语阅读就是读者利用相关的英语知识和非英语知识去解读包含一定英语知识和非英语知识的阅读材料。英语知识是指读者英语语音、词汇、语法以及篇章知识的总和，非英语知识是指读者英语知识以外的背景知识，即直接或间接获取的知识经验的总和。

加强阅读训练可以为学生创造大量获取语言知识和大量运用语言的机会和条件。在课内外的阅读中既可培养学生对语篇进行分析、综合并从中获得信息的能力，也能培养学生的审美情趣，学会欣赏英语文学作品的美，通过自然渗透，陶冶学生良好的情操。

近三年来，高考英语对考生阅读能力的要求越来越高，主要体现在以下方面：阅读量加大、生词数增多、猜测词义分量加重、强化了语段、语篇分析。如何提高学生阅读理解水平及解题能力以适应新的要求？

快速阅读训练

要达到《中学英语教学大纲》二级目标关于"读"的要求，教师应通过课文教学、补充阅读量，对学生进行快速阅读训练，使他们掌握阅读技巧，从而提高理解能力。以下是快速阅读的几种方法。

（1）养成泛读的习惯

　　培养泛读习惯，要从课文教学抓起。每教一篇课文时，可以先让学生进行限时阅读，然后做阅读理解题。在整体吸收的基础上，要求学生对课文进行分段研读；在教师的指导下，掌握课文中的重点词语、句型和惯用法。泛读与精读的紧密结合，旨在形成能力。

　　帮助学生选好读物，是培养泛读习惯的关键。教师可帮助学生确定阅读目标，制订出科学的适合不同学生特点的阅读计划，以此来规范学生的阅读行为。选择读物时，应体现内容的思想性、广泛性、新颖性和有趣性，体裁和题材的多样性，从而激发学生的兴趣，增强他们搞好阅读的信心，扩大词汇量，提高阅读水平。

　　（2）养成"成组视读"习惯

　　为了加快阅读速度，学生要养成"成组视读"的习惯，要训练"扫视"意群、短语、句子甚至段落的能力，逐步改变一眼只看一个单词的习惯。同时，要避免指读、顿读、出声读、回读等不良阅读习惯。

　　（3）养成计时阅读习惯

　　每次进行 5 至 10 分钟，时间不宜太长。要从阅读心理和阅读能力等方面确定阅读时间。长期坚持，学生的阅读速度会大大加快。

提高解题技巧

　　对于阅读理解中碰到的生词一般采用猜测的方法来解决，人名、地名、组织机构名除外。猜测词义是提高阅读理解能力的一种最基本的方式，也是一种非常重要的方式方法。

　　近年来，阅读理解题加大了分量，反映了高考加强对考生学习能力的考查。猜测词义的方法通常有两种，即根据上下文和构词知识。

　　段落的构成有其内在的规律性，其中心思想往往通过段落中的主题句来体现。因此，掌握这一规律，迅速找出主题句，从而抓住中心思想，达到感知整个语段的目的，对提高阅读理解能力大有益处。

推断题是考查学生通过文章表面文字信息进行分析的能力。学生不仅要弄懂文章的字面意思，更重要的是要知道文章的潜在含义，作有根据的猜测。

阅读理解是英语语言运用能力的一个重要方面。这是一种从理论到实践的检测。阅读要讲究方法，理解要讲究技巧。但所有的方法、技巧均是建立在语言基本功基础上的，不能唯技巧唯方法。只有辩证地运用方法、技巧，才能避免阅读教学中的种种极端，才能真正提高学生的阅读理解能力。

激发学生阅读兴趣

"兴趣是最好的老师"，兴趣是人们爱好某种活动的倾向。学生对英语越有兴趣，学习积极性就越高，自觉性就越强。因此在教学中要不断激发学生对英语的兴趣。教师应采用各种生动、有趣的教学方式激发学生学习英语的兴趣，如充分利用直观教具和电教手段为学生创设英语学习环境，增加气氛，激发学生的学习兴趣。

同时，坚持用英语组织课堂教学，用优美的语音语调去感染学生，用风趣幽默的语言去启发学生，选用实用、生动、有趣的例句，使学生在轻松愉快中获得知识；同时尽可能多地为学生创造语言实践的机会，如让学生用英语做值日报告，情景会话，教唱英语歌曲，做游戏，英文短剧表演和组织英语竞赛等。

让学生用学过的词语或句型表情达意，充分满足他们的表现及创造的欲望，使他们享受到英语学习的乐趣，从而产生强烈的学习要求和持续饱满的学习热情。另外还可以通过介绍英语背景知识、讲英文笑话和国外趣闻等，激发学生对英语的兴趣，引起学生阅读的愿望，使学生想读、爱读，从而收到阅读课事半功倍的效果。

进行系统的语法训练

决定英语阅读理解能力的因素很多，人们普遍认为，词汇量、文章的背景知识、阅读技巧的运用、母语阅读能力等都与英语阅读理解相关。就非英语专业学生而言，英语阅读理解的好坏主要是看学生的词汇，词汇量越大，理解得越快越好。

如果学生达不到一定数量的词汇，就难运用分析、归纳、推断等能力。因此，要提高学生的英语阅读理解能力，教师应本着促进学生学习词汇由自发向自觉转化的原则，从构词法、一词多义、一词多译等方面来扩大学生英语词汇量，教会学生根据上下文和词根、词缀等猜测词义，为阅读理解扫除障碍。

阅读不是一种孤立的语言技能，它在掌握一定量的词汇的基础上还必须具备一定的语法。高职学生掌握的语法并不全面，因此有必要对他们进行系统的语法训练，特别是加强疑难句的分析与理解。而理解疑难句的关键在于把握句子的主干，掌握各句子成分之间的结构和逻辑关系，最终抓住句子的核心意思。

提高语篇分析能力

词汇、语法知识的掌握是英语阅读理解的先决条件，词句理解则是阅读理解的基础。学生的阅读理解的能力提高与否，关键要让学生学会对语篇的分析技巧。这是因为，它能培养或激发学生的创造性思维，有助于学生的语言能力和交际能力。

因此，在英语阅读教学中，教师所选用的阅读材料在题材上尽可能的涉及日常生活、传说、人物、社会、文化、史地、一般科技、政治和经济等；在文章的体裁上，应避免单一化，选用叙述文、描写文、说明文、议论文和应用文等。

与此同时，教师必须对学生进行文章体裁特点的详细分析，先结合文章标题和相关背景知识预测文体和主题，接着略读课文，验证预测情况，并通过问答、简述、绘图、列表等方法概括文章主要内容，掌握文章的中心思想。

然后分段阅读，找出各段主题句和各段大意之后，再查读课文，指出文章的转折词或过渡语，分析其逻辑顺序和作者的行文思路，同时把语言知识的学习渗入篇章之中。

最后让学生细读课文，体会字里行间的深层含义，进入更高层次的理解。使学生熟练地把整体阅读的方法运用到他们英语阅读中，提高他们的理解能力。

强化学生的阅读速度练习

阅读理解和阅读速度是阅读效率的两大因素。要提高学生的阅读效率，一方面必须加强对学生的快速阅读训练。快速阅读是一种行之有效的阅读方法，对培养学生提高阅读速度和理解能力具有建设性作用。

另一方面，教师在教学中还应全面地培养和训练学生的阅读技能和技巧，教会学生在阅读时如何运用略读和跳读两种快速阅读方法获取信息的能力，鼓励学生利用预测、联想、类推和运用语言规则猜出文章的意思，使学生运用所学知识分析问题、解决问题的能力得到锻炼。

为提高阅读速度，可以采取随机方法来确定阅读训练的内容，让学生在规定时间内完成阅读和练习。阅读时要求学生集中精力，全神贯注，不能查字典和其他工具书，以提高阅读速度。

学生读完文章做完练习后，由教师宣布答案，同学换卷评分和报告分数，教师作好登记，随时掌握学生阅读速度和阅读理解两方面的进展情况。一旦发现问题就及时加以解决，然后，教师对文章中的一些语言难点，语法结构和文化背景知识加以点拨和启发，拓宽学生的知识面。

培养学生的英语文化基础

在阅读过程中，如果学生缺乏一定的文化背景知识，即使能认识每一个单词，也不一定能正确理解文章的含义。大量的语言试验说明，英语阅读的障碍不仅仅存在于词汇和语法方面，语言所承载的背景知识和文化信息也是阅读理解的主要障碍之一。

语言是文化的重要载体，语言与文化密切联系。长期以来，在英语教学中语言和文化的这种关系一直未得到足够的重视。而实际上由于不了解语言的文化背景，不了解中西文化的差异，在英语学习和用英语进行交际中屡屡出现歧义误解，语用失误迭出的现象。

总之，阅读可以说是一个人的语言知识、背景知识和其他专业知识相互作用的过程，是根据已有的语言材料、文化知识和逻辑推断进行推测和纠正的过程。

因此，教师只有在教学中引导，教师只有充分调动学生学习的积极性，不断克服阅读过程中的不良习惯，鼓励学生正确运用阅读方法和技巧，不断加大阅读量，扩大英词汇量，才能真正提高阅读水平。

8. 提高语文阅读能力的技巧

当拿到一本书，应该在基本了解这本书的大体内容后，再决定是否值得花时间去读。那么，有没有一种提高语文阅读的方法呢？

快速阅读法

快速阅读法的关键是在瞳孔不运动的瞬间，能感知到较多的词汇量。如同我们平时所说的"一目十行"。通过快速阅读的练习，就能很快抓住关键词语，理解句子的意思。

比如在阅读"那么，有没有一种快速阅读的方法呢？"时，只要抓住"有没有""快速阅读"这两个关键词语，就理解这个句子的基本意思了。

拿到一本书，先看书的标题和副标题、作者和出版者、编者的话和关于作者的说明；然后，浏览目录，阅读内容提要、前言或后记；最后，以跳读的方式大体翻阅全书，并注意出现在章节始末的小标题。

这样，就能基本了解这本书的内容，然后再决定是否值得花时间去读。有时为了寻找某些资料，筛选出自己想了解的信息，也得运用快速阅读法。这种阅读，要把自己想了解的信息牢记在心中，尽快移动眼睛扫描阅读，并注意运用标题、缩行、不同字体的标示等，帮助自己搜寻所需的资料。

除了运用浏览的方法快速阅读外，对长篇文章还可以采用预读的方法。所谓预读，就是当你读一本书的时候，可以先看开头的两段，接着只看以下各段的第一句，然后将最后两段逐字逐句读完。这样的预读可以使你迅速对文章的内容有一个概括的了解。

另外，还可以采用群读的方法进行快速阅读。群读，就是能使自己阅读时，一瞬间不是看一个字，而是看一个或是几个词汇。当然这种快速阅读的方法要进行一段时间的训练，才能做到。你可以找一篇比较通俗易懂的短文来进行"群读"，训练自己一次能"扫视"上3至5个字。这样经常进行训练，阅读速度就能大大提高。

细嚼慢咽法

运用快速阅读法，可以在较短时里读较多的书，开阔眼界，扩大知识面；而细嚼慢咽的读书法，可以帮助你透彻理解文章的精神实质，巩固知识。两者是相辅相成的。

17世纪英国哲学家培根说："有些书可供一读，有些书可以吞下，有不多的几部书则应当咀嚼消化。"这就是说，有些书只要读读它们的一部分就够了；有些书可以全读，但是不必过于细心地读；还有不多的几部书则应当全读、勤读、而且用心地读。

我们精读一本书，可按"浏览、发问、阅读、复述、复习"五个步骤进行。首先，看一下书的目录、前言和章节提要。这些内容是作者用来提纲挈领地点明主题、主旨、主要思路的。从中还可发现作者论述、证明的纵横脉络。

有许多人一本书读到底，能够复述其中零星字句，却无法概括该书的主要内容，如同没看没读一样。养成通览全书的习惯，你会发现自己在读书时将进入一个崭新的天地。即使曾经读过的书，重读之下也会有旧友新知之感。

其次，在正式阅读之前还可给自己提问：我为什么要读这本书？这本书中的哪些内容是新鲜的？其中的哪些论点及论述方法又是我尚未了解的，等等。心中有了这些疑问，再去看书，就能有的放矢，尽快抓住书本的精髓。然后是阅读。心中有了框架，围绕自己的问题进行阅读，而不只是认字、默念或简单记忆。

复述也绝不是逐字逐句地硬背，而是回想所看内容的提要，用自己的话表述出来。这不仅能加强记忆，而且能加深对内容的理解。最后的复习，是在整本书读完之后，再回过头来对整个材料做全面的思考和讨论，可以与曾学过的其它材料进行比较。

作家茹志鹃曾经说："书，光看是不行的。看了故事情节等于囫囵吞枣。应该读，读，就仔细多了。然而读还不够，进而要煮。'煮'是何等烂熟、透彻，不是一遍两遍可成的。"她所说的"煮书"就是精读、熟读，一直读到心领神会，恍然有得，从而获得更深层次上的记忆和理解。

俗话说："熟读唐诗三百首，不会作诗也会吟。"熟读、精读的过程是一种积累。熟能生巧，积累多了，妙处也就显露出来了。

圈圈点点法

首先要说明的是，不要过分爱惜书籍。有的同学买来新书，马上用包书纸包好。我觉得一本封面设计得很漂亮的书，包上了包书纸，既是一种浪费，也不容易识别。当然给天天要使用的课本穿上外衣不在此列。有的同学看书时又舍不得在上面圈圈点点，这其实不是阅读的好习惯。

读书要动笔，所谓"不动笔墨不读书"。鲁迅先生提出读书要"眼到、口到、心到、手到、脑到"。读书动笔，能够帮助记忆，掌握书中的难点、要点；有利于储存资料，积累写作素材；也有利于扩大知识面，提高综合分析能力。

你有作圈点笔记的习惯吗？在阅读属于你自己的书籍时，你可以随时在书的重点、难点、精彩之处，划线或做各种符号。如直线、双线、圆圈、黑点、交叉、箭头、曲线、红线、蓝线、方框、疑问号、惊叹号、大于号、小于号等等。

有些精读的书，还可以用不同颜色的笔划线，以示区别。比如，在重点行下面划上红线，在难点行下面划蓝线等等。每种线条和符号代表什么意义，应由你自己来掌握。

读记结合法

为了帮助阅读，除了在书上圈圈点点，你还可以作些批语笔记、摘录笔记、提纲笔记。批语笔记是在阅读时，在文章的"天头"、"地脚"和其他空白处，随时写上自己的一些看法或体会。这样做的好处是便于以后阅读时提醒注意，这是一种灵活、简便的读书笔记的好形式。清代金圣叹批点《水浒》，毛宗岗评点《三国演义》，都属于这一类读书笔记。

摘录笔记，可以摘录在本子上，也可摘录在卡片上，摘录时应注意不要断章取义，不要改动原文的字句和标点。最好自拟一个不违背作者原意的确切标题。

提纲笔记是把文章的提要写出来，力求抓住重点，概括出基本内容。文字须简明扼要，但注意不要把自己的看法和感想写进去。提纲笔记对以后自己在写作中的资料运用会很有帮助的。

读书的过程，不要忘了动笔。读记结合，能够帮助你更好地理解作品，更好地掌握作品的精华部分，特别对以后的再阅读带来很大的方便。

读书笔记法

读了一本书或一篇文章以后，把自己体会最深刻、最有意义的部分写成心得笔记，是一种很好的读书方法。心得笔记的形式多种多样，没有固定格式，可以先"读"后"感"，可以边"读"边"感"，也可将提纲笔记和心得笔记合在一起写出。

读书动笔，是一种很好的读书习惯。读书写作有三种方法，一种是蚂蚁式，专门搜集人家的成品，搬运在一起；一种是蜘蛛式，阅读的东西不多，凭自己腹中有限的材料来编织文章，总有枯竭之感；还有一种是蜜蜂式的，不断吸取群芳的精华，再经过自己的消化，辛勤酿造而成。不用说，蜜蜂式的读书写作方法，是最好的方法。

平时口袋里总是带着小本和笔。有时读报，翻看杂志，看到值得记下来的，就及时掏笔记下。有时不方便，简单地记上几个能帮助联想的词汇都行。到晚上整理笔记时，再分门别类。可别轻视了这样点点滴滴的积累。

俄国作家果戈理曾说："一个作家，应该像画家一样，身上经常带着钢笔和纸张。"希望你能坚持写读书笔记，把自己阅读所得记录下来。它能锻炼你的阅读理解能力和文字表达能力。我们平时读到的一些作家的随笔，大多是记录他们对某件事、某个人、某本书的感想。这样的读书笔记，是很有价值的。革命导师恩格斯的《反杜林论》、列宁的《国家与革命》，其实都是他们的读书笔记。

笔记本是读书的得力助手，它的功能是摘抄学习重点，记录自己的理解和体会。正确地使用笔记本，才能更好地发挥它的功用。笔记

127

本最好只用半边，另半边留下作空白，以备作补充或注解及提示用。另外要在笔记本的封面上记下笔记本的类别，还要在第一页上标明本册笔记的目录。"不动笔墨不看书"，是前人读书的经验之谈，很有道理。愿你在实践中，能真正体会它。

默读朗读法

读，包括默读和朗读。默读的速度快，快速略读、浏览、群读都得依靠默读来完成。当我们进入精读状态后，更离不开默读。这时的默读，不能一目十行地扫描，而应该逐字逐句地去读。

默读不像朗读，需特别把握的是认真、专注。因为朗读时遇上拗口的字、词、句，遇上生字、别字，非得停下来疏通了才能往下念。而默读对难点则可以跳过去。如果养成了在默读中什么都可以"跳"过去的习惯，时间长了，那你将会遗漏很多"知识点"。

为了更有效地读书，或者读更多的书，默读可掌握这样5个要诀：

（1）带着问题去读书

在读书之前，思考一下自己从这本书中需要了解什么，得到什么。然后一边阅读一边寻找自己想要得到的信息，快速找到自己需要的内容，其他的便一带而过。

（2）从感兴趣的章节开始读

枯燥的你不感兴趣的地方跳过去，从自己感兴趣的精华、精彩处看去，从作者正式阐明的观点，自己想了解的内容入手，然后紧紧抓住其主要部分进行精读。从感兴趣的地方读起，可节约时间，多读些书，还可以避免一下子遇到过难的内容，半途而废。

（3）重点地方夹张纸条

夹纸条省力省时，下次翻到那一页时，想想当初为什么在此夹纸条，容易加深记忆。

（4）训练默读

128

有人喜欢出声读书。其实，人说话的速度再快，一秒钟也不能读10 个字。超过这个界限，就听不懂读的是什么了。视觉接受的信息速度快而且量大，最高每秒 20 多个字。要是边读边理解，每秒只能记住5 个字。默读的方法可以大大提高阅读速度。默读不是在心里一字一句地读，而是用眼追逐文字的同时，理解其中的意思。

（5）多读推理小说能训练阅读速度

推理小说故事吸引人，进入大脑的单词量比内容深奥和陌生的书要多一些。像这样的书在休息时或睡觉前读一些，钻进文字堆里，不但不是负担，还能使你掌握速读方法，对阅读其他书籍大有帮助。

朗读背诵法

朗读，是在理解作品的基础上，用有声语言对艺术作品的再创造。对朗读者要求深刻地把握作品的实质，通过发声技巧及节奏、语调的综合运用进行艺术再现。这需要通过一定的训练方能达到。朗读式训练方法就是这样一种有成效的方法。它包括低声读、高声读、快速读、模仿角色读、面对听众读等。

（1）低声读

要求低声细吟慢读，领会所读作品的内容。在低诵中细细揣摩作者传情达意的文字技巧和表现方法。这种方法常用在读优秀的诗歌、散文、戏剧和小说片断。

（2）高声读

通过高声诵读传达出作品的内在情感和蕴意。在诵读的基础上对佳句、佳段甚至全文全篇作背诵，既加深对文章的理解又加强记忆。

（3）快速读

在限定的时间内快速诵读作品，并且逐次加快速度，最后做到一气呵成。它可以训练高度灵敏的思维、极好的记忆和口才。

（4）模仿角色读

在阅读文学作品时，自己模仿演员扮角色，揣摩各种人物的语气、语调、心态和神情，使自己进入角色，高声、反复朗诵台词，找到身临其境的感觉。面对听众读是要求你面对听众，比如你的同学或是家人，有声有色地朗读。朗读，是一遍遍地念，直到读熟为止。

9. 提高物理阅读能力的方法

随着《新课程标准》的实施，为了减轻学生的压力，考试的方式也更加灵活多样，给予学生更多的自主选择空间。伴随着考试题目的创新，对学生阅读能力提出了更高的要求，学生如何快速读懂题目，领会题目的内涵，这就要求教师平时要加强学生阅读能力的训练。

课堂教学是教学工作的中心环节，也是提高学生阅读水平的关键一环。根据课文中的具体物理现象、物理故事、物理规律的描述等阅读内容，联系生活实际，创设教学情境，让学生在这个情境中去感悟、去思考，达到阅读理解的目的。同时，也可以使学生尽快形成并掌握正确的阅读方法。

适量预习题，带着问题阅读

学生的阅读能力有限，放手让他们在课前阅读，在这种漫无目的的阅读中，他们往往因为抓不住重点而一无所获，时间久了，课前阅读就会成为学生为了应付老师的无奈之举，名存实亡。这样的阅读是在扼杀学生的学习积极性，阻碍了学生对物理知识的探究欲望。

因此，在新课教学前，根据教学内容，适量的预习。题目的答案可以通过阅读课本获取，也可以通过上网查询。对于学生在阅读中不明白的问题，作为课堂教学的重点去讲解。这样大大提高了教学效率。也使学生听课有一定的目的性。

精读、粗读多种方法共举

对浅显易懂或一般性的知识，如匀速直线运动、噪声的控制、光的直线传播及为拓展学生视野而设置的 STS、科学世界等内容，可以粗读，了解基本内容或科学技术与社会发展之间的关联。对学习中遇到的重要的、难以理解的概念、规律、各种测量工具使用方法、实验探究过程的设计等要咬文嚼字的内容，仔细推敲。

如定义功时把力和在力的方向上移动的距离的乘积叫做功，阅读时要咬住关键词"力的方向上"，还要仔细推敲功的含义是什么。又如天平的使用方法中在左盘放好准备称量的物体，向右盘中尝试着加砝码时，应该先加质量大的还是先加质量小的？当然这里左盘放物体，右盘加砝码是关键词，还要仔细推敲出先加质量大的后加质量小的，不这样做又会出现什么情况。

再如牛顿第一定律一切物体在没有受到力的作用的时候，总保持静止状态或匀速直线运动状态，若把"或"换成"和"，意思就完全不同了，"或"表示只在运动和静止两种状态中存在一种状态，而"和"表示两种状态并存，这是不可能的。

带着问题阅读，阅读中提出问题

通过课堂教学，学生对所学内容已经有了一定的认识，但并不能全盘接受；回到家中，在做作业之前带着问题读书，能让学生的阅读有目的、有针对性地进行。学生在阅读的过程中思考，就会有一种成功的喜悦，也能提高阅读的兴趣。

物理教材每章开头都有两三个问题，许多章节设置了"想想议议"，每节都有大量的导向性问题，如人耳是怎样听到声音的？什么是立体声？为什么通过光缆可以观看有线电视？有人说融雪的天气比下雪时还冷，这种说法有道理吗？学生见了这些扣人心弦、关键而奇妙的问题，会信心百倍地阅读课本，从中寻找出问题的答案。

阅读只是给我们提供一些知识素材，是思考把所读的内容变成我们自己的东西。思考过后必然会提出大量的新问题，教师在引导学生阅读中不仅要充分利用课本中已有的问题，而且要善于抓住时机启发学生提出这样或那样的新问题，并从阅读课本中找出答案，从而猎取和升华知识。

例如：力可以使物体发生形变，也可以使物体的运动状态发生改变，适时提出：这里运动状态指什么？状态发生改变有哪几种情况？通过这样的提问，学生阅读课本经过思考找出答案，使之变成自己的东西。

新编物理教材特点之一就是大量插图的增加，其中大多又采用适合青少年心理特点的卡通漫画手法绘制，形式多样，在教材结构中起到了画龙点睛的作用。在阅读中，引导学生注意插图与文段的联系，以阅读文段来诠释插图，以阅读插图来丰富文章的内涵，使学生如闻其声、如临其境。

俗话说：不动笔墨不读书，眼过千遍不如手过一遍。学生阅读时要在教材上做好勾、划、批、注等标记。如对热量这一概念，阅读时可注解为：它不是状态量；热量是能量交换的表现，是个过程量，它存在于物体吸、放热这一过程中，一个物体谈不上热量。

诱导、强化训练，养成阅读习惯

习惯是在一定情况下，主动的进行某种活动的特殊的心理倾向。阅读教学要走出目前费时低效的境况，物理教师应牢固树立以学生为主体的观念，努力在阅读教学中培养良好的阅读习惯，从习惯上做文章，教学生学会读书，使其终身受益。

（1）启发阅读的自觉性

启发阅读的自觉性，增强形成阅读习惯的心理动力。阅读的自觉性是提高阅读能力、养成习惯的先决条件，只有让学生产生了读的欲望，才可能自愿去读。

教师要不断的教育学生，让他们把阅读视为生活中不可缺少的组成部分，让他们感到阅读是生活的需要，形成一种习惯，有空就读。在阅读过程中要尊重学生的独特体验，尊重他们多样的阅读兴趣，让他们培养良好的阅读习惯，在潜移默化中培养、提升阅读能力。

（2）用好教材这一载体

新课教学中，以旧知识为基础，以旧启新。结合新知识给学生设置一定的疑念，留足够的阅读空间，让学生带着不安全感阅读教材，解决新问题。

对重要的概念规律和重点内容，让学生反复阅读，认真思考，从教材中找出其内涵，准确地理解掌握；在章节复习时，要求学生在阅读教材的基础上，用简练的文字或直观的图表等就某一内容进行高度概括，归纳要点，让学生通过阅读在不断解决问题的过程中养成良好的阅读习惯。

（3）欣赏课外阅读材料

赏析课外阅读材料，增加物理阅读深度，养成学生课外阅读的习惯，提高物理阅读水平。课本仅仅是学生阅读内容的一部分，为了开阔学生的视野，为了给学生学习物理提供宽厚的知识背景，增加学生知识的深广度，教师应鼓励学生广泛阅读。一是多读一些与物理课程联系紧密的书、报、杂志，从中汲取更多的营养；二是多读一些科普书籍，如介绍物理学发展史、物理学家的事迹、物理学在现代化建设及实际生活中应用的报刊、杂志、书籍等。

通过广泛阅读，不仅使学生在无意识中积累了科学知识，接受科学方法的熏陶，而且增加了学生的学习兴趣，培养了学生的科学态度及科学的思维方法。

（4）学习制作、发明

开展小制作，小发明的评比活动，培养学生的阅读热情。物理来自于生活，服务于社会，给学生提供一个展示的舞台，学生将会投入更多热情来获取更高层次的知识。

培养良好的阅读习惯绝非易事，是一项循序渐进的长期工作，应该从整体着眼制定整个初中阶段的培养计划，然后分学期实施。只有反复的、严格的训练，才能培养养成良好的阅读习惯。教师要加强检查督促，必要时进行耐心的个别指导。对于缺乏恒心的学生，既要严格要求，又要发现其点滴进步，及时加以鼓励。

古人云："得一鱼可饱一餐，得一渔则可饱食终生。"培养提高初中学生学习物理的阅读能力，是为学生的继续学习、为将来构建创新的平台打下基础。重视物理阅读，培养学生的阅读能力，是培养学生自学能力的前提，是终身教育、终身学习这种现代教育思想的体现。

只要让学生在反复阅读教材中逐步学会自我学习的方法，学会独立研究问题和独立解决问题的方法，自我更新知识的能力就能得到提高；只要让学生的阅读习惯有所改善，课堂上明显沉得下来，学习主动性增强，掌握概念和公式的准确率有所提高，解题时对题意的理解更全面，学习中也就会发现问题、提出更多的问题。

10. 现代文阅读的解题技巧

学生在做现代文阅读类的题型的时候，要理清文章的思路，文章的每一段、每句话归根到底都是为阐明中心服务的，都归向文章的主旨。平时要学会为文章标段，归纳每段意思，归纳中心思想。往往行之有效。

纵观全文，把握主旨

找寻、读懂文章中关键的词句，特别是那些体现作者立场观点、反映文章深层次内容、内涵较丰富、形象生动的词句。尤其注意文章的开头句、结尾句、独立成段的句子、比喻句、连问句、过渡句、抒情议论句，文章的主旨常常隐含其中。

不要急着去做题，在进入题目之前，必须读两遍文章。第一遍速读，作快速浏览，摄取各段大概意思，建立起对文章的整体认识，集中解决一个问题：选文写的是什么？第二遍精读，仔细阅读每句话，揣摩、参悟一些重要的句子、段落，对文章的主旨产生一定的认识。

画出在文章的结构上起过渡、连接作用的词语、句子、段落，画出各段落中的中心句，尤其注意段首、段尾，这些词句往往就是回答问题时需要重点研读的，通过找重要的词句进一步理解文章的思路、结构层次。

心中要有文体意识，找出画龙点睛的句子。作为托物言志类的哲理性散文，在叙述和描写中总有一些议论和抒情的语句，阅读时一定要善于抓住议论抒情的句子去把握文意，尤其注意文章结尾的议论抒情，它们往往就是全文的主旨所在。欲速则不达，一定要读懂文章再做题，坚决杜绝走马观花式的阅读。

认真审题，定向扫描

做现代文阅读主观题的关键在于准确地审题，抓住了审题这个关键，就找到了答题的诀窍。现代文阅读的审题，就是要仔细分析题干，把握题目要求，即把握题干中包含的与答案相关的各种信息。这是答题的第一步，也是最关键的一步。

题干一般由两个部分组成，一是文章作者的话，一是命题者的话。设置题干的目的主要是限定答题内容；同时，命题者为了使考生不至于茫然无绪，往往又会在题干中提示答题内容在文中的位置，甚至限定了在哪一段或哪个句子中。这样我们就可以根据题干的提示，找出每一道题的出题点，锁定答题区间，具体到段、句、词。

只要找准了原文中的相关区域，认真揣摩上下文的文意，准确抓住关键词句，准确地把握住答案的有关信息，大多数题目的答案是能够在原文中找到的。题干提示了答题范围，题干规定了答题角度，题干提供了答题思路，题干隐含了答题信息，题干体现了答题规律。

筛选组合，定向表述

文学作品阅读多为主观题，其题干不仅能显示答题的区域，还能显示答题的方式。要站在命题人所"问"的角度回答问题，问什么答什么，使所答充分、到位、准确、有条理。整合时一定要确保文通句顺。

（1）弄清题干的态度或倾向

遇到的题干如果是否定形式，就采用先反后正的答题方式，避免遗漏要点；遇到的题干如果是肯定形式，就采用正面的答题方式。

（2）弄清题干的语言构成形式

题干的结构，是表意的外在形式，暗示着语句含义由哪些方面构成，分析结构可以提示考生答题时如何组织好语言。

（3）弄清题干中作者和命题者的话

题目中出现作者的语句，一般是学生要理解和分析的对象，而命题者的话一般起到引导学生明确解答重点或者提供限制条件的作用。

（4）变含蓄为直接，变分说为概括

考试中的现代文阅读材料多为散文，语言不仅有丰富的内涵，还很讲究艺术技巧。有的含蓄委婉，有的生动细腻，有的形象具体，具有这些特点的语句在高考中历来成为考查的重点。

组织答案的时候首先要整合文中的相关信息，在原文中找出相关段落所传达的信息的共同点，然后利用文中附着信息共同点的那些具体的、形象化的语句，把这些具体形象化的语言转换为抽象、概括性的语言，即为所需答案。

（5）多从原文中寻找和整合答案

现代文阅读的考查目的在于把握并理解作者在文中所要传达的信息，因此，要依照作者的思路来理解作品，多从原文中寻找答案。

但并不是直接摘抄，有时以文章中的词或句为基础略作改写来作答，有时要求纵观全文，从各段中提取相关信息加以整合。这类题在高考中出现最多。另外，要弄清试题中常用的名词术语。

表达方式，常用的表达方式有记叙、描写、议论、抒情、说明等。写作手法，考生要清楚，狭义的写作手法即"表达方式"，广义的是指写文章的一切手法，诸如表达方式、修辞手法，先抑后扬、象征、开门见山、托物言志等。修辞手法，常用的有比喻、拟人、反复、夸张、排比、对偶、对比、设问、反问等。

语言特点，一般指口语的通俗易懂，书面语的严谨典雅，文学语言的鲜明、生动、富于形象性和充满感情色彩的特点。分析时，一般从修辞上进行分析。感悟，多指发自内心的感受、理解、领悟等。

说明文的类型：事物、事理说明文；平实、生动说明文。说明方法：一般有举例子、分类别、列数据、作比较、下定义、作诠释、打比方、画图表、摹状貌等。说明顺序：时间顺序、空间顺序、逻辑顺序。考生在答题时，可答得具体些，如：空间顺序，逻辑顺序。说明对象，指文章说明的主要人或事物。

论证方法，中学要求掌握的有道理论证、事实论证、对比论证、比喻论证、归谬法。论证方式：立论和驳论。理论论据，包括名人名言、俗语谚语、公式定律等。事实论据，一切事实、史实、数据等。

以上各"常用术语"暗中考查学生的语文基础，同时也是题目赋分点所在，学生理解清楚，可很好地根治"答非所问"的弊病。

11. 提高历史阅读能力的方法

阅读理解能力是学习能力中最基本的能力，是各科教学中都要培养的一种能力。不重视培养学生的历史阅读能力，这样就会使学生在这方面的能力未能得到很好的开发，进而影响到学生以后的历史学习。

最直接的表现就是在做史料分析题时，表现出解题能力差，不会很好地运用史料，这在几次会考中都有所表现。因此，在日常教学中，注重培养和提高学生的阅读能力是重要的教学方式。

对于学生来说，阅读理解就是学习书面也就是教材内容的潜在意义，然后把理解的潜在意义同认知结构联系起来，以便领会这种意义。历史教材是学生的主要阅读材料，如何依托教材使学生学会阅读技能，提高阅读能力呢？

培养历史阅读能力的重要性

在教学中，要使学生认清历史阅读在整个历史学习中的地位，认识到掌握历史阅读的策略和方法的重要性，从而自觉地努力提高自己的历史阅读能力。

许多学生不能掌握知识，乃是因为他们还没有学会流畅地阅读、有理解地阅读，还没有学会阅读的同时进行思考。最主要的他们还没有认识到阅读的重要性。"阅读是人类特有的最普遍最持久的学习方式"，一个人要学会学习并且能够终身学习，首要的和基本条件就是要学会阅读。

培养历史阅读能力先从教师导读开始

阅读能力不可能是天生具有或自然形成的，特别是理解材料的能力，必须经过学习和训练才能具备。我国著名教育学家叶圣陶说：

"阅读要达到真正理解的地步，是要经过练习的，这是一种技能。凡是技能，惟有在实践中才能练就。所以阅读的技能要在阅读各种文件或书籍报刊中练习。"

在教学中，阅读包含"学生自读"和"教师导读"两个方面。两者相辅相成，缺一不可，其中学生"读"的实践制约着教师"导"的方式，教师"导"的水平又决定着学生"读"的质量。但对于阅读教学的成败来说，"教师导读"乃是关键。没有教师的导读，学生的自读将会成为没有目标的盲目探索，讨论交流将变成不着边际的瞎谈。

所以教师在指导学生的阅读时要设计好一系列问题，环环相扣，引导学生深入阅读。比如，在讲第一次世界大战时，先问：战争为什么结束了？又问：美国为什么放弃中立参战了？这个问题教材上没有具体材料，这就要靠学生平时的历史阅读材料的积累了。再问：俄国为什么退出了战争？追问：俄国发生了什么革命？这个问题就会导引学生对后一课"俄国十月革命"的关注。

这样就把学生学习历史的兴趣调动了起来，他们会从内心深处产生一种急于探知真相的强烈欲望。此时再要求学生自读课文和其他历史史料就会达到事半功倍的效果。

提高历史阅读能力的方法

无论哪种类型的历史阅读，其核心都是理解，所以理解就成为中学历史阅读的基本方法。理解的方法就是要按照历史知识的结构进行。一般来说，历史事物的共同构成要素包括：基本要素；历史事物产生前的背景要素。

历史事件的本身要素：过程、经历、内容、状况等；历史事件产生后的评价性要素，指性质、作用、影响、价值、地位和特点等。我们可以概括为"五要素"，每一个历史事件都是由"时、地、人、事、义"五要素构成的，"五要素"涉及的信息点都属于历史基础知识，既是识忆的基本点，也是知识和能力考查要求的"再认、再现"的基本点。

时，指时间观念。有跨越几年甚至几十万年的相对时间观念，也有必须精确到某年某月某日的绝对时间观念；地，指空间观念。有确指的具体地名，也有泛指的区域、地域范围；人，历史进程是由人的活动构成的，活动者既有个人，也有群体；事，指事件的起因、经过、结果；义，指事件的意义、性质、作用、影响、经验教训、成败原因、评价等。

学生在阅读时要认识和掌握历史知识的结构，为进一步运用知识创造条件。所以，理解地去读，不仅是历史阅读的基本方法，也是整个历史学习的基本方法。

（1）按知识的框架结构去读

在每一单元前，要求学生先读导言，每一单元的导言都是对这单元内容的概括，对学生整体了解这段时期的历史事件是很有帮助的。

历史课文中的每一课、每一目、每一段的每个内容、一个内容中的每个问题、每个问题中的每个知识点之间都有联系。在读的过程中，让学生从大方面入手，弄清它们之间的联系，最后再将着重点放在掌握知识点上。通过读书，要求学生分析、归纳课文内容，概括为要点，用简练的语言表达出来。

（2）反复阅读理解教材

在读的过程中，课文中的重点内容要求学生要细读、精读，要逐字、逐句、逐段反复阅读。现在有很多学生不愿去读，他们只喜欢听，但往往是听过就忘，最终还是没能掌握历史知识，甚至对历史产生不了兴趣。

因而，只有在教学中充分发挥教师的主导作用，充分利用上课时间，让学生去读，去感受历史。要求学生掌握每个知识点，突出重点；对生僻的字、词、人名、地名或书名等要准确识记、不写错别字；对一些过渡性内容、课文补充的小字内容要求学生粗读。

（3）带着问题去读

教师在讲解之前，先提出问题，学生带着问题去朗读或阅读，引起学生注意，启迪学生思考。

例如讲俄国的十月革命时，我准备了这些问题，十月革命是在什么情况下进行的？俄国人民为什么要进行二月革命？二月革命爆发于何时，结果如何？革命后俄国出现了什么局面？由此，就可以引出俄国进行十月革命的原因。学生阅读后基本上能按照课文准确地做出回答。

（4）边读书边思考

带着问题去读，当然是要学生读书时要进行思考。读书是手段，读出问题、归纳出知识点、加深对教材的理解才是目的。

总之，学会阅读是学生学会学习的基础，有利于学生的可持续发展、终身发展。学生是学习的主体，阅读是学生获取知识的重要途径。要提高学生的历史阅读能力需要教师发挥主导作用，显现学生的主体作用，采用合适的方法，让学生去听、去说、去读、去学、去思，做到耳到、眼到、手到、心到，学会阅读，提高阅读能力。

12. 提高阅读能力的转变技巧

美国哲学家弗兰西斯·培根有这样一句名言几乎众所周知，那就是"读书足以怡情，足以傅彩，足以长才"。它把书对人的影响力，对人的心灵塑造说得形象而深刻。的确，对于一个审美观、道德观、人生观都正处在形成时期的中学生，阅读的作用尤其重要。

从要我读到我要读

从要我读到我要读，究其本质就是教师启发学生明白阅读的目的性和重要性，使学生从被动、被迫的阅读，转变为主动、积极的阅读，使学生具有强烈的阅读愿望，使阅读成为他们自觉的行为。

在这个信息膨胀的时代，科学技术日新月异，学生在获取知识的方式上已有了更大的选择余地，教师必须让学生明白阅读仍是不可替代的。看电影时，你可能很少思考，更少想象，声音、图像，一切都是设定好的，你只是一个相对被动的接受者。

而阅读的过程却是一个再创造的过程，语言文字可以为你提供无限的想象空间，你能够与遥隔千载的先人们进行超越时空的精神对话，你的心灵之翼可以自由自在地在另一个想象的世界里翱翔。的确，阅读能够激发人的想象力和创造力。

更重要的是，老师要让学生明白阅读影响的是一个人素质中最基本、最核心的东西，即审美观、道德观和人生观。"腹有诗书气自华"、"知书达礼"指的就是这个影响。通过阅读可以反省自我、提升自我，从而使自己成为修养良好的人。

此外，教师必须引导学生认识到从提高自我写作能力来看，阅读是根本，是前提。抱怨写作没材料的人，很大程度上是书读得少。因为阅读是吸收，是积累；写作是抒发，是表达。自古便有"不积跬步，无以至千里；不积小流，无以成江海"的警言在告诫我们。

就学生来说，作文材料主要来自三方面：一是来自课本，二是来自课外阅读，三是来自自身生活积累。归根结底，都要求学生广泛阅读，仔细观察，认真积累。毕竟一个人的直接经验相对来说比较少，更需要间接经验来补充、丰富自己的人生体验，激发自己的想象力，而阅读给予人的便是间接经验。

古语云："熟读唐诗三百首，不会作诗也会吟。"这个"读"需要一定量的积累，长期地，持之以恒地，这样定能收到"读书破万卷，下笔如有神"的效果。

在这个环节中，老师的作用是引领学生进入阅读领域。只有让学生深刻认识到阅读的目的性和重要性，把阅读行为化作自我内驱力，即主动阅读，从而实现第一次转变，从要我读到我要读，并为下一次转变打下坚实的基础。

从我要读到我爱读

从我要读转变为我爱读，指的是端正学生的阅读态度，从"我要读"的愿望、决心，提高到"我爱读"的境界，充分调动学生阅读的兴趣和积极性。"知之者不如好之者，好之者不如乐之者"，只有感兴趣了，才会产生乐于接触并力求参与其中的一种积极的意识倾向。

激发学生的阅读兴趣，首先让学生成为阅读的主体，鼓励学生质疑。在"问题驱动"下，学生"主动介入"的状态，正是由被动阅读转化为主动阅读的最佳心境。从字斟句酌这些浅层次的阅读，到对作品的内容与思想感情质疑的高层次的阅读，教师适当地加以引导，让每个学生都动手、动口、动目、动脑。

当然，质疑阅读并不局限于同一篇作品进行阅读，为了更好地把握文章的风格与特色，可以进行一个大范围的质疑比较阅读，同一作家不同时期作品的比较与质疑：鲁迅先生的《记念刘和珍君》与《为了忘却的记念》等；不同作家在同一时期作品的比较与质疑：老舍《骆驼祥子》与夏衍先生的《包身工》；同类题材作品的比较与质疑：李健吾的《雨中登泰山》与清代姚鼐的《登泰山记》。鼓励学生多疑、善问，正是打破传统阅读教学方法的一个突破口。

其次，让学生参与阅读教学，当一回小老师。青年学生一般都有强烈的表现欲，适时地给予他们一些表现机会，对推动他们主动阅读有不可估量的作用。此外，教会学生上网阅读，满足他们对新知识、新事物的好奇心。因特网上的文章时效性强，只要将鼠标一点，学生可以欣赏到各种类型的文章，古今中外、包罗万象。

强化激励，优化环境，是激发学生阅读兴趣的另一法宝。在阅读活动中，老师创设积极、宽松的课堂氛围，真诚地鼓励、表扬学生，鼓励人人畅所欲言，让学生品味到阅读的甘甜。当然，老师对那些学生"想领悟而领悟不到，虽经研究而研究不出来的部分"要加以补充、归纳。总之，在阅读课堂中，教师平等的态度、亲切的微笑、积极的鼓励和真诚的点拨，加上流畅的语言，定能唤起学生强烈的阅读兴趣和富有创造性的思维活动。

从我爱读到我会读

从"爱读"出发，通过阅读实践达到"会读"的境界，是要求教师教会学生掌握阅读方法。当代学生要读的作品委实太多了，这就需要教会学生制订适合自己的阅读计划，掌握有效的阅读方法和建立好的阅读习惯。

（1）制订阅读计划

要求学生根据自己就读年级的特点和自己的实际情况来制订阅读计划，目的是使学生的阅读更具有计划性和操作性。

阅读计划的内容包括准备阅读的书目、可利用的时间、自检方式三部分。在执行过程中，老师根据学生制订的计划加以督促落实，收查读书笔记、召开读书交流会、撰写读书札记是常用的方法。

（2）掌握有效的阅读方法

掌握有效的阅读方法是提高阅读效率的有力保证。掌握快速阅读文章的技巧：阅读时，必须明确阅读的目的和任务，以此来调节自己的阅读行为。对阅读材料整体感知和把握阅读过程的策略：包括辨明文体；认识领会标题及注释对文章内容的提示或概括作用；学会抓主旨语句等。

学会积累式阅读，要求学生坚持立足课内、辐射课外的原则，通过老师推荐的优秀网站或课外读物，使学生的知识面向深度、广度发展。

任何习惯的形成，都必须经过持久的训练。所以，教师必须引导学生在阅读中反复实践，使学生逐步做到习惯成自然，并探索到适合自己的阅读方法。此外，教师还须经常表扬有良好阅读习惯的学生，让他们介绍自己的做法，使同学们学有榜样，赶有对象，从而促进同学们形成良好的阅读习惯。

从我会读到我读懂

掌握科学的阅读方法和规律，目的还是让学生提高阅读效益，实现从"我会读"到"我读懂"的转变，这是根本。

教会学生阅读时做好摘录，写好随感。许多学生课外阅读并不少，但读完如过眼云烟，收效甚微，这与他们阅读时动口动眼不动手、不做摘录有关。因此，要求学生阅读时要做好读书笔记，包括圈画、摘抄、评注、仿写、加标题、写段意等。学生借助这些技术来控制自己阅读的注意力，弄清文章写了什么内容，而且懂得分析文章是怎样写的和为什么这样写。

同时把精彩优美的语句和文章的片断摘录下来，广撷博采读物的长处，并消化吸收，学以致用，在需要时参照、借鉴。这样，使学生养成不动笔不阅读的习惯，积少成多，自然会丰富学生的内涵，打下坚实的文化积淀。持之以恒地这样做，学生的语文素养定会大大提高。

此外，创造条件让每个学生都动手、动脑，要让每个学生均体验到阅读所带来的成功。新学年开学初，我向学生发出"编辑一本自己的作品集"的倡议，作品集上学生可以将阅读到的有益内容摘录其中，可以把自己满意的作文打印出来，并做好编辑工作。

这样日积月累，坚持不懈，很多同学都编出了一本"属于自己"的作品集。在这本"作品集"上，学生充分发挥了自己的创造能力：选文章、抄笔记、作点评、写心得、定格式、配插图、勾花边、编目录、拟序言、题集名。

叶圣陶老先生曾说："教，是为了不教。"老师的主导作用不是给学生"鱼"，而是教会他们怎样"渔"。让学生在整个中学阶段尽可能多读书，拓宽阅读的视野，实现阅读过程的"四个转变"，养成爱读书的习惯，掌握会读书的本领，为终身读书学习奠定坚实的基础。

13. 提高学生阅读能力的心理策略

阅读能力是获取知识的主要途径，也是作文能力的前提和基础。许多学生的学习障碍是因阅读障碍而起的，进而产生对作文的畏难心理。心理学研究表明，儿童的自我认知、兴趣爱好、文化素养、人际交往等心理倾向和能力的养成，都可以借助阅读来促进。因此，帮助学生建立良好的阅读习惯，会使他们受益一生。

学生的阅读心理

阅读是把看到的语言文字内化为读者的思想，并领会其内容的过程。与成人相比，学生的阅历浅、知识面窄、语言中枢也不够发达，因此其最初的阅读活动只能是朗读。在阅读过程中，学生的言语运动分析器的活动起着重要作用，它就像一个支柱，保持着言语视觉分析器和其他分析器之间的联系。

教师要充分重视情感的激励作用，使儿童在愉悦的氛围中，把认知活动由最初引发的兴趣转向阅读思维中去，从而获得有益的情感体验，提高学生的阅读效率和质量。

阅读是儿童了解自然与社会，获得知识和经验的主要方式。激发学生的阅读兴趣，合理干预他们的阅读倾向，有助于学生语文综合能力尤其是阅读能力的提高，也有利于学生心理的健康发展。

不同层次的读者阅读、理解、鉴赏文章内容的能力是不同的。教师要尊重学生在阅读中的自由领悟，保护他们阅读的良性心态。这种良性心态主要是指阅读兴趣。阅读兴趣随着年龄的变化而有所不同。

在小学阶段，儿童的生活环境由家庭扩展到学校，开始相对独立地接触社会，逐渐具备了判断简单是非的能力，有时还会不接受成人的意见，坚持以自我为中心，并出现有意识的说谎等毛病。语文教师要加强对学生的生活引导，增强其生活的信念和责任感，帮助他们树立崇高的理想，进而引导他们的阅读兴趣由简单的读发展到文学思索阶段。

把各种优秀的作品推荐给喜欢阅读的学生，会对他们的成长起到事半功倍的促进效能。事实证明，喜欢并善于阅读书刊杂志的学生，他们的写作能力普遍较高，社会活动能力也比较强。

但是，儿童的阅读能力和兴趣的发展并不仅仅由年龄这个因素来决定，还与其生活的环境、家庭教养、社交圈子等因素有密切的关系。因此，教师要了解学生的阅读心理，就必须先了解其生活环境，并正确引导他们在生活中体会到阅读的快乐。

结合阅读心理，提高阅读能力

（1）诱读

教师在教学中，要注重学生的智力因素与非智力因素的协调功能，使他们在愉悦的氛围中，获得种种有益的情感体验，从而达到教学目标。例如，教师可以采用情境烘托、形象概括、语言渲染、表情强化等手段，诱发学生的阅读兴趣。

（2）导读

从众多的教学实践可知，在学生阅读时，他们的思维经历了"感性认知、想象、联想、推想、体会、评价"这样一个过程。在阅读教学中，教师的引导过程就要与学生阅读的思维过程同步，抓住学生的心，而绝不能认为"读教科书就是一切"，用成人化的解释来代替儿童的自由感悟。

（3）伴读

一个好的家庭，应该在孩子可以开始阅读的时候适当购置一些好的图书；一个好的学校，应该千方百计让学校图书馆成为学生流连忘返的地方；一位好的教师，应该设法建立"班级图书馆"，营造浓厚的阅读氛围，安排阅读的时间，激发儿童阅读的兴趣，与他们共同分享阅读的快乐。

（4）深读

儿童文学对于儿童的意义不仅仅是带来阅读的快乐，也不仅仅是通过阅读提高语文成绩，它关乎儿童的理想和未来，影响一代人及一个民族的将来。在儿童文学世界里，真、善、美和丰富的想象紧密结合，贯穿始终，这有利于儿童养成诚信、善良、富于想象力和追求美好生活的公民意识。

在儿童文学中，经典的作品种类繁多，不管是哪种儿童群体，都能从中找到适合他们的优秀之作。当然，除了儿童文学之外，科技故事、历史典故等方面的书籍也应该有所涉猎。

（5）选读

学生阅读的随意性较大，他们喜欢新奇的图画书籍，存在"求快"和"求厚"两种不良倾向。前者导致阅读时囫囵吞枣，不求甚解；后者导致学生不切实际地读厚书，辨别能力差，容易受不良刊物及信息的毒害。

因此，教师应向学生推荐好的文学作品，指导学生运用正确的阅读方式，教会学生选择读物和筛选信息的方法，这是培养阅读习惯，提高阅读能力的有效途径。

（6）善读

所谓善读，包括了略读、精读、快速阅读等。略读可采用读标题、读导语、读摘要的方法，迅速获取自己所需要的材料和信息；精读一些名著、佳作和学生喜欢的、需要的文章并及时写出自己的心得体会。

快速阅读是为了吸收尽可能多的信息，以适应时代和生活需要。要使课内外阅读效果好、有深度，教师还要指导学生在阅读佳作、名著前，先阅读序言，了解作品梗概；阅读后查阅相关的书评，多方面、多角度地把握作品，深化认识。

"读一本好书，就是和许多高尚的人谈话"。随着阅读量的提高，学生品尝到阅读带来的成功与喜悦，就会自己找书读。一个人有了良好的阅读习惯将会终生受用。阅读到什么程度？教师在进行指导时应由学生自行决定，让学生充分发挥才智，发展个性，其目的只有一个，让学生感悟到读书的好处。

14. 提高探究性阅读能力的方法

对课文的内容能表达自己的心得，能提出自己的看法和疑问，并能运用合作的方式，共同探讨疑难问题。那么，怎么在阅读教学中适当运用合作学习的方式，逐步培养学生探究性阅读的能力呢？

在阅读教学中如何摆正"教和学"的关系：教师为主导，学生为主体，教师的教为学生的学服务；如何处理好知识的传授和能力的培养间的关系。我在课堂中加强了学生合作学习的目的就在于此。

那么，什么是"学生合作学习"呢？它是指从学生的心理需要出发，通过几个学生间的相互协助，共同完成一定的课题和学习任务，以期达到每一位学生在认知、情感、能力诸方面都能积极和谐地发展。这一教学形式，在以往的课堂教学中虽有涉及，但其组织形式都不够明确具体。

我将班内学习按组内异质、组间同质的原则，根据学生的性别、兴趣、学习动机、交往技能等情况合理搭配，组成 14 个学习小组，组

149

内包括1名优等生，2名中等生，1名理解、分析较慢的学生，组员在小组中建立积极的相互依存的合作关系。那么，为什么说加强学生合作学习能够提高学生探究性阅读的能力呢？

自由发表意见，锻炼表达能力

学生课堂参与的形式多样，要提高学生课堂参与效率，改变少数尖子生唱主角的局面，在教学的关键处、重点处，设计学生合作学习的环节。因为，学生在合作学习中会消除畏惧心理，乐于发言，乐于读书。

比如，在《燕子》一课教学中，叫学生理解"停着的燕子成了音符，谱出一支正待演奏的春天的赞歌"。这句点明中心的话，就布置了学生合作学习，并且要求一会儿每个合作学习的小组推荐一名还没有发过言的同学来汇报学生合作学习的学习情况。

学生听后，马上投入到热烈的讨论和积极的准备之中，课堂气氛十分活跃。这一环节的设置，既调动了每个学生的学习积极性，也为没有发过言的同学创造了发言的机会，从而使学生的表达能力得到充分锻炼。

互相启发学习，提高阅读能力

语文课有一项特定的无可推托的责任，就是教给学生阅读方法，进行种种计划的阅读训练，以增强学生具有比较高的阅读能力。

阅读能力指什么？是指通过阅读能够独立地获取知识的技能。由于每个学生的这种技能存在着差异，给提高课堂教学质量带来了一定的难度。而小组合作学习，通过学生之间的互相启发、帮助和学习，就能相对地平衡这种差异，提高阅读能力，从而让每一个学生都获得成功的喜悦。

合理分工合作，体现主体之位

有效的合作学习方式必须建立在学生个体学习的基础上，没有个体切实的学习为基础，合作学习就会留于形式，完耗时间。因此，小组合作学习的成效如何，组长至关重要，他们必须经常培训，如：教会他们如何组织协调小组的学习，如何在小组中发挥自己的榜样示范作用，如何对教师布置的学习任务进行分工合作等。

在课堂上，小组合作学习主要包括小组讨论和组内朗读课文。讨论内容一般是需要通过互相启发来扩展思维的"多维性"问题；需要通过反复推敲才能准确把握的"聚焦性"问题，包括教学重点、难点有统领全局性的问题；需要通过共同协作来提高学生效率的集体性作业。根据讨论内容的不同，讨论形式可以是诊断式、辩论式、连锁式、分割式等。

学生在讨论时，教师不是局外人。学生合作学习，自主探究中教师的巡视、点拨、参与以及要求学生按照规则来交流汇报结果，这些指导不仅仅是为了帮助学生潜心研究，更是为了培养学生良好地解决阅读专题。

同时，提高探究性阅读的效率，更是为了培养学生良好的探究性阅读的意识、习惯和能力。因为对于探究性阅读来说，探究过程往往比探究结果更重要，学生的探究能力是在具体的探究过程中逐步形成的。

在重点词句的研究中放手让学生自行探究，这样把课堂还给学生，让他们自主学习，凭自己的知识积累、思维方式和学习习惯去发现问题，提出问题，并尝试自己解决问题，学生学习积极性高涨，读思结合，在研究中获得了成功。通过实践，我们发现，学生在和谐友爱的教学氛围中，乐于参与学习，充分体现了他们是课堂上真正的学习主人。

组间展开竞赛，促进主动自学

在小组合作学习中，每一个组员不仅自己要主动学习，还有责任帮助其他同学学习，以全组每一个同学都学习好为目标。教师则根据合作小组的总体再现进行奖励，学生是因自己与过去比较而获奖励。

心理学家格拉塞博士强调：教室里的学习应当充满乐趣，否则学生就不肯下苦功学习。因此，我们在黑板一角画有"互帮互助、共同进步"的积分表，让组与组之间展开竞赛，使全班学生在学习上出现你追我赶的局面。

这样一来，就使小组成员形成一个密不可分的整体，这对那些学习动机、毅力、责任心相对较弱的学生会产生积极的群体压力，从而产生学习的动力，也能自觉地从事学习活动。

比如，为了能在课堂上积极发言，多为小组加分，许多同学就在课前进行自学：轮读课文，进行正音、评价；围绕课后思考练习对课文进行质疑问难；精读课文，分析体会写作方法等。针对这种情况，为了更好地培养学生的学习习惯，提高自学能力，教师得有目的有步骤地传授预习课文的方法和读书的方法。

综上所述，合作学习较好地体现了以学生为主体，使学生会学、乐学，而且使学生爱同学、爱集体，并有利于培养学生的合作意识、社交技能，从而使学生素质全面提高。只要我们始终把学生当作学习的主人，为学生着想，为学生服务，扎扎实实地进行训练，离"自能读书"的境界不会遥远。合作学习，确能提高学生探究性阅读的能力。

15. 提高阅读能力的批注技巧

读书看报离不开阅读，学习语文更离不开阅读，从某种意义上说，阅读将伴随着人的一生。但是怎么提高学生的阅读能力，形成独立的阅读个性？这是一个值得深思的问题。

阅读是学生的个性化行为，不应以教师的分析来代替学生的阅读实践。阅读教学的重点是培养学生具有感受、理解、欣赏、评价的能力。

学生是一个个具有独立思想的活生生的人，他们由于所受的经历、所处的环境不同，从而产生不一样的阅读体验，正所谓"一千个读者就有一千个哈姆雷特"，我们的语文教学正是因为有了这一千个，才会呈现精彩纷呈、百花齐放的局面，才会焕发出生命的活力。

改变了以往的口头式、表格式等评价方式，把目标定位在批注上，这种评价方式贴近阅读教学，具有可操作性，能用于教师自我反思，能有效提高学生阅读水平。这种评价方式运用批注能够实现一种内化的互动，表现在：学生与文本的交流；学生与学生的交流；学生与教师的交流。

感想式批注

如果一个人动了心去读文章，就一定会有或深或浅的感想。为了培养学生边读边想的习惯，我们要求学生在读了文章之后，随时在旁边写下自己的感想。

如学生在读了《全神贯注》一文的最后一段写下了这样的批注：通过阅读，我被罗丹工作时聚精会神、全神贯注的精神深深地感动了，使我也想了许多，在我的身上就缺乏这种全神贯注的学习精神，我决心从今天开始向罗丹学习，请大家看我的行动吧。

还有学生读到《麦哨》一文中的第四自然段时写下的批注是：作者运用了排比句的形式向我们介绍了田间最具有代表的几种农作物，有油菜、蚕豆、萝卜等，并运用了生动形象的比喻句描绘了这些农作物的丰收时的景象，更唤起了我到田间去看一看的冲动，有机会一定去田间走一走，欣赏一下那里与城市完全不同的风光。

这些感想式的批注，不仅能帮助他们深入的理解文本，把握文章主旨，而且还有利于培养他们敏感的神经，这对于写作也是相当重要的，如果坚持这样的读下去，我们想信学生一定会学有所感，学有所悟，学有所得。

联想式批注

阅读教学的一个重要任务就是培养学生的联想能力，让他们能够由此及彼，能够自觉的由文本迁移到文外。这种阅读方法有注于学生知识的迁移、信息的归类整合。

如学生在《桥》的第二大段老汉沙哑地喊话后面又加上了老汉焦急地说："同志们，小心点！桥窄，踩稳慢慢过！"在学完这课时，同学们又在书中做出了这样的批注：老汉高大的形象使我们又联想到了曾经学过的《丰碑》一课中的军需处长，当年非典时期，那些战斗在一线的义务工作者们，还联想到了忠于职守、舍己为人、不是亲人胜似亲人这些词句……

看到这些批注，真的很欣慰，他们能把知识进行归纳整理，做到触类旁通，真正的把知识学活了，内化成了自己的一种能力。

新课程标准突出强调培养学生的创新意识，而个性则是创新的前提和基础。我在要求学生写批注时，有意识地引导他们结合语言环境和生活实际学习语文，强调表达自己的见闻、感受，不强求统一的答案。

质疑式批注

"学者先要会疑"，不疑不能激思，不疑不能增趣。有了疑问，让学生带着问题读书，才会让他们读进去，真正地走入文本，与文本、与作者进行对话。这种批注式阅读方法，有利于培养学生的怀疑与探究精神。质疑本身就是一种思考、一种挑战、一种探索。这种阅读方法学生用得最多，也用得最广，适合于各类学生各类文体。

比如，学生在《金色的鱼钩》中作出这样的批注："作者为什么

154

会用金色的鱼钩为题呢?"有了这个疑问,大家充分围绕着这个问题谈对金色的鱼钩的理解。还有学生在《杨氏之子》一文中作出了如下批注:"杨氏之子的话语有何妙处?"还有的学生在书中做出这样的批注:"这不是对大人没有礼貌吗?"正是因为有了这样对立的批注,才让课堂辩论有了源头,从而争论得热火朝天。

补充式批注

这种阅读方法就是让学生顺着作者的思路,依照作者的写法,接着为作者补充。也可以称得上仿写、续写,它能活跃学生的思维,打开学生的视野,让学生学习作者的写作方法,快捷的提高写作能力。

如在学习儿童诗两首时,就可以仿照作者的写法仿写一至两节,这样既激发了学生的学习写作兴趣,还增强学生写诗的信心。这种批注方法不适合所有学生,它毕竟有一些难度,但对能力较强的学生是一个很好的锻炼。

评价式批注

要想发挥学生的主体地位,充分尊重他们的阅读体验,就应该允许并提倡他们对阅读作出或褒或贬的评价。

例如在《桥》这课第一大段中学生写出了这样的批注:作者这些句子多采用了拟人或比喻的修辞手法,尤其是"像泼、像倒"等词句让我们非常真切形象地感受到了洪水的肆无忌惮,洪水就是魔鬼猛兽。作者这种精练的语言更加突出了当时情况危急,渲染了紧张气氛。真可谓是匠心独运啊,不愧为文学巨匠。

这种评价式阅读极大的调动了他们阅读的积极性,因为他们成了课堂的主人,成了读书的主人,他们有权利来评价书本和作者了,这不能不说是对他们人格的一种尊重。

在这个互动式评价研究的课题中,利用批注阅读的形式使学生得到的不仅是知识的增加,能力的提高,更为重要的是,他们在批注式阅读中找到了读书的乐趣，得到了健全的心智，形成了独立的思想，拥有了自主的精神，也在学习语文时形成了一种自主合作探究的学习氛围。

16. 分层教学中提高阅读能力的方法

阅读能力是学生语文综合能力的体现，阅读能力的高低直接决定着学生语文水平的高低。但在现实的语文教学中，教师与学生普遍关注的就是阅读能力不强以及如何提高阅读能力的问题，这一问题在分层教学中显得尤为重要。

所谓分层教学就是按照学生的实际综合能力，把每一科按照基础扎实、一般、较差为依据，依次分为 A、B、C、三层的教学模式。

关键在于增加阅读量

学生阅读量的大小，直接决定着学生阅读能力和写作水平的高低。可是现在的学生一方面由于影视的影响而以声音和画面代替了文字，另一方面由于阅读教材的匮乏，学生没有可读的书，所以导致学生的阅读量很小，甚至连古典名著中的经典片段都没有读过，这不能不说是这些学生的悲哀，为此提高学生的阅读量刻不容缓。笔者觉得可以从以下几个方面着手：

（1）从名言警句入手

名言警句是前人智慧的结晶，可以陶冶人的性情，又可以开启人的智慧之窗。

以班为单位，由科代表每天抄录 3 到 5 条名言警句，利用早读时间背诵记忆，然后在课堂上展现背诵成果，交流所获心得，获胜者为优，授予红旗。并要求学生在作文时，能恰当地引用名言。

而笔者在批改作文时，遇到引用较为恰当的就用波浪线画出来，并在作文课上加以表扬。这样学生认识到了引用名言能够使作文锦上添花，自然增加了识记名言的欲望，然后再进一步引导，让学生从经典又短小的作品入手，汲取营养，获得学习的乐趣。

现在，学生已经能够主动地去阅读，并且认为阅读是一种不可缺少的享受了。

（2）分组阅读

现在学生的学习压力都比较大，没有过多的时间与精力去阅读，也就无法实现阅读量的提升。笔者觉得，以"分组阅读，在交流中积累、提高"的方法可以解决这一矛盾。

"分组阅读，在交流中积累、提高"就是以行政班为单位，利用有限的时间搜集精美作品，十几人共同研读，然后写出阅读心得，每周一次。然后在辅导时将所学美文与自己的心得体会在班上交流，让其他人也享受到美的熏陶，这样每个学生花了一篇的时间与功夫却得到了多篇的成果。

信息筛选能力的训练

学会对文中重要信息的处理不仅是新课标的要求，也是中考高考的重要考点之一，因此学会信息筛选和信息处理，对于提高阅读能力非常重要。

以文中的关键句、统领句、中心句、主旨句为契机，形成概括性句子。一篇文章或一段文字，一般都有起"画龙点睛"作用的一两句话，抓住了它们，就抓住了文章的命脉，特别是议论抒情句，更是文章的关键所在。找出它们后加以揣摩，形成概括性语句从而把握文意。

在感知文章内容的基础上，用自己的话概括。有些文段找不出关键句、统领句、中心句、主旨句，这就需要自己去概括，在概括时，要在感知文章内容的基础之上，明确"写了什么"、"想表现什么"等内容。

身临其境，揣摩文章传达的情感。对于作者或主人公传达的情感，笔者觉得只有设身处地地去想，以对方的立场为方向，才能明白人家此时在"想什么"、想"表达什么"，也就能够明白作者与主人公传达的情感了。

总之，在在增加阅读量的基础上，提高对信息的处理能力，阅读中的难题就会迎刃而解。

17. 运用信息技术提高阅读能力的技巧

我国基础教育课程改革十分强调现代信息技术在当代教育中作用和功能的发挥，通过在各学科教学中有效地使用信息技术，来促进各科教学内容呈现方式的变革、学生学习方式的变革、教师教学方式的变革。

在这样的理念指引下，我们尝试将信息技术整合于语文阅读教学中，通过一种全新的手段，突破语文阅读教学的重、难点，积极推动小学语文阅读教学的改革。

在语文阅读教学中的作用

语文阅读教学是学生、教师、文本之间对话的过程。运用信息技术就是通过信息技术创设使学生获得独特情感体验的对话情境，借助信息技术提供的资源，进行拓展阅读训练，开阔视野，增加生活体验。

（1） 多媒体平台开拓阅读视野

多媒体计算机能储存大量教学信息，为阅读教学提供详实的阅读材料，同时它又能提供文本、图像、动画、声音、视频等。在教学中，可以按照知识点来划分教学内容并实现超链接，它所具有的生动性、形象性、直观性，非常符合小学阶段学生的认知特点。

（2）多媒体材料激发阅读兴趣

学生年龄小，好奇心强，对感兴趣的事物总是愉快地去探究。因此，在教学中激发学生的兴趣尤为重要。

长期以来，语文阅读教学一直只是停留在"空洞说教"这一层次，手段单一，方法老套，教具不多，色彩单调，画面缺乏活力，很难调动学生学习的积极性，培养学生的阅读兴趣。信息技术辅助教学在色彩、动画及表现手段上比其他教学手段更加形象、生动，立体感强，特别是声音、图像给人以极大的震撼，是其他教学手段所无法比拟的，极大地激发了学生的学习兴趣。

（3）信息技术培养阅读能力

由于有信息技术在课堂教学中的综合应用，真正激发了学生的学习兴趣。因此，在课堂教学中学生积极性高，学生的主体地位明显得到加强，在参与阅读教学活动中生动活泼地发展，在发展中积极主动地参与，并在此过程中，培养了学生良好的阅读能力

在教学过程中，运用信息技术，把文字符号和课文语句进行再加工，文字与画面结合，或与声音结合，或文字、声音、画面三者结合，形成一个动态的直观形象的多媒体课件，这样能增强阅读教学的直观性、形象性，容易唤起学生的注意，也容易使学生保持较高、较久的注意力，促使学生形成良好的朗读、默读的习惯，能通过文字了解文章表面的和直接的意义，从而培养学生良好的阅读能力。

（4）培养思维创新能力

学生在对语言文字深刻理解的基础上，通过信息技术的演示，丰富了头脑中的表象，拓宽了思维空间，使学生在课堂学习中不时地进出创新的火花。

通过与课文有关的文字资料，事物的声、色、光的发展变化去获取知识，认识世界，充分调动学生的多种感官的相互作用，使学生的智力因素和非智力因素共同参与认识过程，产生强烈的学习欲望，从而形成自主的学习动机。

在语文阅读教学中的应用

（1）创设阅读情境

利用多媒体手段引路培养学生对事物的好奇心，产生强烈的探究兴趣，具有问题意识，是探究性学习的前提，兴趣是最好的老师，是学生主动学习，积极思考、探索知识的内在动力。

而情境是能激发学生兴趣的动力和源泉。运用多媒体技术导入新课，能通过情景画面，以情激趣，全方位、多角度地激发小学生的好奇心和求知欲，使他们产生学习的动机。

让学生在阅读急切感的教学氛围中主动学习、自主探究，正是阅读教学中发挥学生主体性作用的体现。不可否认，传统教学也能体现学生的主体性，然而现代信息技术支持下的阅读教学更胜一筹。

以往阅读教学采用的文字教材、录音教材、录像教材，其信息组织结构都是线性的。线性结构限制了人的思考能力、自由联想和想象能力的发挥。而多媒体和网络阅读材料是呈网状的，它们有利于激发个体的积极性、张扬个性，加快个体进入文本获取知识的速度。

（2）丰富阅读感受

化难为易，突破阅读难点。学生的观察力、想象力、思维力是创新能力的基础。在阅读教学中，利用信息技术大大增加了学生看和听的机会，文、图、声的有机结合又大大扩充了课堂信息量，实现课内外沟通、思维发散、能力迁移。信息技术的应用多渠道地充实了学生的阅读感受。

学生在教师的引导下，从不同角度阐发、评价和质疑，充分发挥自己的想象力和创造力，进行自主意义建构，锻炼和提高了自己的创新能力。信息技术在综合处理和控制符号、语言、文字、声音、图像等方面具有高超的能力，运用这一特有功能，可以变抽象为具体，变动态为静态，化枯燥为生动，从而化难为易。

学生在学习语言文字过程中的障碍就是我们教学的难点，运用信息技术这一方面的功能，就能帮助学生解除抽象思维、逻辑思维、语言理解表达方面的困难，从而降低难度，使教学中的难点得以顺利突破。

（3）进行语言文字训练

语言文字训练是语文课堂教学的重要内容，学生只有通过训练才有可能提高听、说、读、写的能力，利用多媒体计算机的交互性，更好地加强了语言文字的训练。

（4）多媒体影像开发思维

多媒体技术的运用能激发学生的好奇心与求知欲，给学生以思维上的启迪、触发。

开展语文阅读教学的通用模式

运用信息技术就是给学生营造互动的对话式教学场景。对话式教学作为一种新理念，使学生在对话中丰富知识、增长见识、认识自我，成长成为具有能动性、创造性，具有对话理性和合作精神的现代人。

依据新课程语文阅读教学的理念与思想和对话理论，针对传统语文阅读教学中存在的问题，运用信息技术开展语文阅读教学的模式就是要重视学生主动性体现和独特感受与体验，为学生与文本、教师与文本、老师与学生、学生与学生之间的对话提供可能，具体体现在：

为教师、学生、文本之间的对话创设情境，引导学生进入情境，使师生之间的互动交流成为可能。呈现内容，引导生本对话，建立对课文内容、层次及主体的表征系统。

　　为学生提供任务情境和相关资源，使学生在完成任务的过程中形成自己的独特体验。并借助信息技术进行表达、交流和建构，进行生生互动。

　　提供信息资源，加大学生阅读量，开阔学生的视野，培养学生利用信息技术进行终身学习的能力。

　　信息技术在阅读教学中的应用，给阅读教学带来了无限的活力。应用现代信息技术开展语文阅读是一项涉及到多方面的系统工程，既要全方位着眼，又要从点点滴滴的实验做起。我们应该继续探索现代信息技术与语文阅读的整合，不断总结经验教训，促进语文阅读教学方式的根本性变革，努力培养学生的创新精神和实践能力。

　　信息技术给学生带来大量信息的同时也使学生产生了点击的茫然和筛选的困难。因此，教师一定要发挥好主导作用，根据阅读内容建立信息库让学生共享，向学生推介相关的优秀站点指导学生快速浏览网络信息，提高掌控信息的能力，增强语文阅读的能力。

　　目前，在我国，实施信息技术与语文阅读教学整合并不十分普及，无论是理论还是实践发展都不是十分完善。探索我国现代信息技术与语文阅读教学整合是广大语文教师大展身手的好机会。

1. 知识竞赛活动的筹划

制定赛事方案是策划知识竞赛活动的一个非常重要的环节，它关系着竞赛活动的成败优劣。因此，我们在制定赛事方案时，应尽量考虑得全面、细致。一般地说，知识竞赛活动方案应主要包括以下内容：

明确竞赛目的

就是要明确我们为什么要举办这次知识竞赛，要达到什么样的效果。

确定参赛范围

应根据举办知识竞赛的类型和活动的目的来确定参赛人员范围。参赛范围是包括本系统行业的所有单位的赛手，还是限定在分厂、车间班组（科室）的赛手，都应该在赛事方案中明确。

确定竞赛的时间和地点

竞赛的时间和地点的选择应该以尽量不影响本单位的生产和工作为原则，如竞赛时间一般安排在工作之余或者生产闲暇的时候。竞赛活动可以在本单位会议室或者在大礼堂内举行。

制定赛题

竞赛题目内容范围一般包括：题目的类别、多少、必答题、选答题、抢答题、文字题、图画题、录音题、录像题及相应的竞赛要求等。在上述范围内，可以采取多种赛题结合的方式，避免形式单一。

规定参赛方式

主办单位可以根据实际需要确定知识竞赛活动的参赛方式。参赛方式分为：笔答、口答；两组对抗赛、多组对抗赛；预赛、复赛、决赛；选拔赛、任意赛等。

竞赛规则

竞赛规则可以根据实际情况灵活确定，如在时间的限制、人员的要求、赛场的纪律等都可以灵活处理。

聘请评委

评委聘请的标准是：办事公正，在群众中威信高，有丰富的文化知识和评判能力。

确定观众范围及人数

观众范围及人数确定的主要依据是竞赛活动的目的以及场地的大小。

确定邀请的人物

有时为了增强竞赛活动的隆重、热烈气氛，可以邀请上级部门或本单位的领导人物参加。被邀请的领导可参与诸如揭晓竞赛活动的名次，给取得优异成绩的参赛者颁奖，进行总结讲话等。

2．知识竞赛活动的准备工作

选择主持人

开展知识竞赛活动，其中主持人的作用是十分重要的。通常，能否选择出一位出色的主持人，在很大程度上决定了一场知识竞赛活动的举办水平。知识竞赛活动主持人的选择标准至少应包括以下几个方面：

（1）公正无私，按规则办事，要有善于控制比赛场面的能力，要既能给领先方以鼓舞、给落后方以激励，又能使整个赛事气氛融洽、热烈。

（2）有广阔、丰富的知识，有很强的记忆力与理解力。

（3）沉着冷静、机智灵活，口齿清楚。

（4）仪表端庄，体态适中，举止稳重大方，给人以可亲可敬的印象。

知识活动一般需要选择 1~3 名主持人。其中一名是"正主持"，其余为"副主持"。之所以要分出正、副主持，是因为当竞赛评判遇到分歧时，以正主持人评判为最终结果。

选择赛事工作人员

举办一场知识竞赛活动，除了主持人外，还必须配备一定数量的其他工作人员。这些工作人员间的分工必须明确，工作要符合具体的要求。如要有人负责制作赛题及保管；有人负责联络工作；有人负责会场布置，安装灯具、音响、徽标，张贴标语；有人负责奖品购置；有人负责排定座位、维持现场次序；有人负责茶水杯具等。

确定竞赛内容

一般来说，知识竞赛活动的性质内容的有以下几种：

（1）为了结合学习马列主义、毛泽东思想、邓小平理论和"三个代表"重要思想以及党的路线、方针、政策，所进行的知识竞赛。这类内容可以促进职工群众的政治理论学习，提高思想政治水平，加深对党的路线、方针、政策的理解。如以构建社会主义和谐社会为主题的知识竞赛。

（2）结合专项教育进行的有关知识的竞赛。如以增强安全生产意识为主题的知识竞赛，以学习奥运知识为主题的知识竞赛等。

（3）结合业务学习进行的有关业务知识竞赛。如组织工会干部进行以平等协商、集体合同为主题的知识竞赛活动。

竞赛场地的选择与布置

选择知识竞赛场地要注意以下几个问题：

（1）场馆的容纳量应是实际参赛人员与观众所占面积的总和，另外再预留一部分机动坐席。场馆要求安静、明亮、清洁、通风。

（2）选择场馆宜就近，可以节约大家的时间，方便比赛。坐席设置有以下两种基本方式可供选择。

①砚形设置法。这是当前常用的一种方式，即是安排参赛人员坐于赛台前，观众面对参赛人员坐在赛台另一侧，参赛人员与观众应保持一定的距离。主客分明，现场显得条理井然有序。

②环形设置法。即是参赛人员和竞赛活动主持人一律居于场馆中心，而观众则环形就座于四周，参赛人员、活动主持人与四周观众保持适当距离。这种设座法的好处是参赛人员与观众更为贴近，气氛会更为融洽热烈。

3. 知识竞赛活动的正式举行

通常，主持人要按照下列程序主持竞赛活动。

（1）宣布知识竞赛活动正式开始。

（2）宣读出席本次赛事的有关领导、邀请的嘉宾、赞助单位及其他出席人员。

（3）宣读参赛单位、各单位参赛成员名单、各参赛单位编号等。

（4）宣布评委名单、职称、序号等。

（5）宣布竞赛规则。

（6）在整个竞赛中宣布各参赛队的得分或去分情况。

（7）宣布各参赛队最后成绩以及名次。

（8）请有关领导为获胜队颁奖。

（9）宣布竞赛活动结束。

　　另外，在知识竞赛结束后，活动的主办方可请有关领导、参赛成员和主持人一起，围绕本次竞赛活动的举办情况进行交流意见，总结成功的经验，为以后的知识竞赛活动提供有益的借鉴。

4. 百科知识竞赛

（1）东汉称面条为什么？

（答案：煮饼）

（2）唐代称面条为什么？

（答案：冷淘）

（3）九转大肠是属于什么菜系的名菜？

（答案：鲁菜）

（4）面条经蒸煮或煎炸，脱水干燥，加调味品包装而成的一种方便食品是什么？

（答案：方便面）

（5）汽水在几摄氏度时最好喝？

（答案：5℃）

（6）需要多少点经验值，才可以升级到精灵？

（答案：200点）

（7）以麻辣辛香调料而闻名的菜系是哪一个？

（答案：川菜）

（8）"德州扒鸡"是一款比较著名的菜肴，请问其属于哪个菜系？

（答案：鲁菜）

（9）煮面时，温水时就把面下进去，比起用开水煮面，面熟得快还是慢？

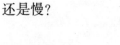

（答案：更快）

（10）以海味为主要原料，注重甜酸咸香、色美味鲜长的菜系是什么？

（答案：福建菜系）

（11）"泥鳅钻豆腐"的传说与哪一位美人有关？

（答案：貂婵）

（12）种植的最高等级是什么？

（答案：园艺师）

（13）冬钓主要是用什么做钓饵？

（答案：红虫）

（14）小红花和臭鸡蛋的用处是：

（答案：在论坛里，分别表示赞成和反对人气）

（15）大米缺乏氨基酸的主要原因是什么？

（答案：赖氨酸）

（16）方便面的保存在冬天一般以多长时间为宜？

（答案：三个月）

（17）北京著名的有一百三十多年历史的烤鸭店的字号是什么？

（答案：全聚德）

（18）"西施舌"是以西施命名的一道菜，它其实是什么？

（答案：蛤蜊）

（19）哪一种蔬菜具有抵抗肠胃癌的功能？

（答案：包心菜）

（20）"道拉基"是哪国的食品？

（答案：朝鲜）

（21）凉皮面是哪里的特色小吃？

（答案：西安）

（22）面食文化的发祥地在哪里？

（答案：黄河流域）

（23）人类最早种植的粮食作物是什么？

（答案：小麦）

（24）岐山挂面源于哪里？

（答案：陕西）

（25）汤圆是哪个节日吃的？

（答案：元宵节）

（26）足协第一届球赛的冠军是哪支球队？

（答案：WIN－7 队）

（27）第九城市注册居民突破 *10* 万人是在哪一天？

（答案：*1999. 12. 17*）

（28）清代名厨肖美人最擅长于做什么？

（答案：点心）

（29）谷类蛋白质中最缺乏的氨基酸是什么？

（答案：赖氨酸）

（30）"佛跳墙"是哪个菜系的代表菜？

（答案：福建菜系）

（31）"沙茶面"是哪个地方的风味小吃？

（答案：福建）

（32）素有天然抗生素之称的是什么食物？它不但抑制胆固醇，还能抑制成瘤前的恶性细胞，对心脏血管也有很好的疗效。

（答案：洋葱）

（33）"土笋冻"是哪个地方的风味小吃？

（答案：福建）

（34）方便面的主要原料是什么？

（答案：小麦粉）

（35）鸳鸯戏飞龙是哪儿的著名菜肴？

（答案：黑龙江）

（36）国家规定的方便面成品水分标准为多少？

（答案：小于8%）

（37）"烧杂烩"这道菜的由来与哪一位历史人物有关？

（答案：项羽）

（38）用筷子沿盘边剔面叫什么？

（答案：剔尖）

（39）汉代，凡面制的食品统称为什么？

（答案：饼）

（40）正式的西餐最先上的是：

（答案：菜和汤）

（41）"煎饼果子"是哪个地方的风味小吃？

（答案：天津）

（42）什么被称为百味之首？

（答案：盐）

（43）水煮牛肉是哪个菜系的代表菜？

（答案：四川菜系）

（44）上海的小吃中最受人们青睐的"三主件"是什么？

（答案：汤包、百叶、油面筋）

（45）清朝时广东"茶居"的"居"原意是什么？

（答案：隐）

（46）取料广泛，最讲究鲜嫩和酥脆的菜系是哪一个？

（答案：粤菜）

（47）"甜水面"是哪个地方的风味小吃？

（答案：四川）

（48）荔枝虾球是哪个菜系的著名菜肴？

（答案：粤菜）

（49）八仙过海闹罗汉是哪个菜系的著名菜肴？

（答案：孔府菜）

（50）拉面的做法最早始于哪里？

（答案：山东）

5. 基础知识竞赛抢答

（1）电子计算机发明于 1964 年

（答案：错。1946 年）

（2）成都的市花是芙蓉花

（答案：对）

（3）哈雷彗星的最早记录是由波斯人记下的

（答案：错。中国人）

（4）汇入大西洋最长的河流是亚马逊河

（答案：对）

（5）我国第一座地热发电站是羊八井

（答案：对）

（6）欧洲最大的半岛在北欧

（答案：对）

（7）眉毛的生长周期有 6 个月

（答案：错。2 个月）

（8）"芭蕾舞"是从意大利传进中国的

（答案：错。法国）

（9）我国公安机关的性质是行政机关

（答案：对）

(10) 生铁又硬又脆是因为它含碳少

(答案：错)

(11) 电脑的中央处理器英文简写是 CPU

(答案：对)

(12) 冰糖是用白砂糖做的

(答案：对)

(13) 国际马拉松跑的赛程是 2 万米

(答案：错。42，195 米)

(14) 涮羊肉起源于元朝

(答案：对)

(15) 血液温度低的动物就是冷血动物

(答案：错)

(16) 胰岛素是一种蛋白质

(答案：对)

(17) 最早的血压计用于测量牛的血压

(答案：错。马)

(18) 美国历史上第一所高等学府是哈佛大学

(答案：对)

(19) 西印度群岛位于大西洋西部

(答案：对)

(20) 金庸的籍贯是台湾的台北

(答案：错。浙江海宁)

(21) 企鹅一般在 12 月份产卵

(答案：错。5 月)

(22) 交通银行属于股份制银行

(答案：对)

(23) 坏血病是因缺维生素 C 造成的

（答案：对）

（24）六弦琴是吉他的别称

（答案：对）

（25）围棋的产生与古代战争有关

（答案：对）

（26）世界第一枚邮票出现在保加利亚

（答案：错。英国）

（27）铁锅通常用生铁制成

（答案：对）

（28）在狗的眼睛里世界只有黑白两色

（答案：错。黑白灰三色）

（29）"自由女神像"是法国送给美国的礼物

（答案：对）

（30）有"植物熊猫"之称的是银杉

（答案：对）

6. 生活知识趣味问答

用椰子和西瓜打头哪一个比较痛？

（答案：头比较痛）

制造日期与有效日期是同一天的产品是什么？

（答案：报纸）

为什么有家医院从不给人看病？

（答案：兽医院）

有一头头朝北的牛，它向右转原地转三圈，然后向后转原地转三圈，接着再往右转，这时候它的尾巴朝哪？

（答案：朝地）

人在什么情况下会七窍生烟？

（答案：火葬）

什么东西天气越热，它爬得越高？

（答案：温度计）

两只狗赛跑，甲狗跑得快，乙狗跑得慢，跑到终点时，哪只狗出汗多？

（答案：狗不会出汗）

楚楚的生日在 3 月 30 日，请问是哪年的 3 月 30 日？

（答案：每年的 3 月 30 日）

哪儿的海不产鱼？

（答案：辞海）

有种动物，大小像只猫，长相又像虎，这是什么动物？

（答案：布老虎）

猴子每分钟能掰一个玉米，在果园里，一只猴子 5 分钟能掰几个玉米？

（答案：没掰到一个）

什么贵重的东西最容易不翼而飞？

（答案：人造卫星）

胖人生病时，最怕别人来探病时说什么？

（答案：多保重身体）

什么东西比乌鸦更讨厌？

（答案：乌鸦嘴）

孔子是我国最伟大的什么家？

（答案：老人家）

睡美人最怕的是什么？

（答案：失眠）

有一个人一年才上一天班又不怕被解雇，他是谁？

（答案：圣诞老人）

牙医靠什么吃饭？

（答案：嘴巴）

明明是个近视眼，也是个出名的馋小子，在他面前放一堆书，书后放一个苹果，你说他会先看什么？

（答案：什么都看不见）

一个不会游泳的人掉进了水里却没有淹死，为什么？

（答案：穿着救生衣）

什么东西在倒立之后会增加一半？

（答案：数字6）

为什么人们要到市场上去？

（答案：因为市场不能来）

阿郎发现房间遭小偷光顾，却一点也不紧张，为何？

（答案：你的房间我为何要紧张）

一只瞎了左眼的山羊，在它左边有一块牛肉，在它右边有一块猪肉，请问它吃哪一块？

（答案：你难道不知道羊是吃素的吗）

为什么上帝在星期六的时候创造了夏娃？

（答案：她就可以在星期日的时候和亚当约会了）

遇到什么事情最好高抬贵手？

（答案：有人用枪指着你的头时）

请问，阿郎是个非常有同情心的人，但是他看到可怜的乞丐，却不肯捐出身上的钱，为什么？

（答案：真可怜，他比乞丐都穷）

阿郎有两张电影票，上演前几天，他就匆匆忙忙地邀请女朋友，为什么？

（答案：女人化妆太慢了）

谁最不喜欢书？

（答案：赌徒）

老外身上有什么比中国人长？

（答案：名字）

为什么阿郎穿着全新没破洞的雨衣，却依然弄得全身湿透？

（答案：因为他在大太阳底下穿着雨衣走）

什么话可以世界通用？

（答案：电话）

一只饥饿的猫从一只胖老鼠身旁走过，为什么那只饥饿的老猫竟无动于衷继续走它的路，连看都没看这只老鼠。

（答案：这是一只可怜的瞎猫碰到了一只死耗子）

小郭很爱唱歌，就连用牙刷、牙膏刷牙时，他也与众不同，竟还在放声大唱，结果还可以把牙刷得很干净，你说为什么？

（答案：他刷的是假牙）

请问将 18 平均分成两份，却不得 9，还会得几？

（答案：从中间分，得 1）

既没有生孩子、养孩子也没有认干娘，还没有认领养子养女就先当上了娘，请问：这是什么人？

（答案：新娘）

一只狗总也不洗澡，为什么不生虱子？

（答案：狗当然生不出来虱子）

小赵买一张奖票，中了一等奖，去领奖却不给，为什么？

（答案：没到领奖的日期）

李哲看起来平平常常，并无什么特别之处，但他却可以连续数小时不眨眼睛，他是怎么做到的呢？

（答案：睡觉的时候）

小明天天花很多钱，可最后却成了百万富翁，为什么？

（答案：以前是亿万富翁）

一只公鸡，一只母鸡，哪一个厉害？

（答案：母鸡厉害，因为它会下蛋）

一个警察抓两个小偷，警察让两个小偷别动，其中一个立刻不动了，另一个继续跑，而警察却一枪把不动的打死了，为什么？

（答案：因为不动的容易打）

象棋与围棋的区别是什么？

（答案：象棋越下越少，围棋越下越多）

满满一杯水怎么喝水底的水？

（答案：用吸管）

三个人看电影，其中一个人被杀了，警察审问另两个人，怎么问才能查出凶手？

（答案：问电影的内容）

世界上最难的一道题是哪道题？

（答案：这道题）

一个学生住在学校里，为什么上学还经常迟到？

（答案：家所在的学校不是他上学的学校）

什么水永远用不完？

（答案：泪水）

什么东西有 5 个头，但人不觉得它怪呢？

（答案：手、脚）

家人问医生病人的情况，医生只举起 5 个手指，家人就哭了，是什么原因呢？

（答案：三长两短）

什么东西晚上才生出尾巴呢？

（答案：流星）

飞机在天上飞，突然没油了，什么东西先掉下来？

（答案：油压表指针）

什么东西愈生气，它便愈大？

（答案：脾气）

嫦娥为什么喜欢住在月球上？

（答案：嫦娥喜欢吃兔肉）

死前放歌又叫什么？

（答案：绝唱）

4个9加起来为什么等于100？

（答案：9/9＋99）

当地球爆炸时，什么地方最安全？

（答案：地狱）

一群惧内的大丈夫们正聚集在一起商量怎样重振男子汉的雄风，突然听说他们的老婆来了，大家四处逃窜，唯独一人没有跑，为什么？

（答案：吓死了）

一个人被老虎穷追不舍，突然前面有一条大河，他不会游泳，但他却过去了，为什么？

（答案：昏过去了）

梁山伯和祝英台变成了一对比翼双飞的蝴蝶之后怎样了？

（答案：生了一堆毛毛虫）

换心手术失败，医生问快要断气的病人有什么遗言要交代，你猜他会说什么？

（答案：其实你不懂我的心）

男人在一起喝酒，为什么非划拳不可？

（答案：敬酒不吃吃罚酒）

有个刚生下的婴儿，有两个小孩和他是同年同月同日生的，而且是同一对父母生的，但他们不是双胞胎，这可能吗？

（答案：可能，他们是三胞胎）

7. 科普知识竞赛

一、选择题

（1）我国什么时候开始在少数民族中推行计划生育的？（   ）

A. 从 20 世纪 80 年代初　　　B. 从 20 世纪 80 年代末开始

C. 从 20 世纪 90 年代初开始　D. 没有在少数民族实行

（答案：A）

（2）山西洪桐县的明代监狱，因谁的故事而著名？（   ）

A. 苏三　　　　　　　　　B. 窦娥

C. 于谦　　　　　　　　　D. 海瑞

（答案：A）

（3）以下哪一个银行是最早出现的近代银行？（   ）

A. 瑞士银行　　　　　　　B. 花旗银行

C. 威尼斯银行　　　　　　D. 雄鹰银行

（答案：C）

（4）苍蝇飞落在某处就匆忙搓脚，它是在：（   ）

A. 清洁污物，准备开饭

B. 发射生物雷达波，探测食物

C. 辨别同类气味

D. 品尝味道

（答案：D）

（5）海带怎样一煮就烂？（   ）

A. 加酒　　　　　　　B. 加盐

C. 加醋　　　　　　　D. 加味精

（答案：C）

(6) 产于福建的名茶是：（　　）

A. 龙井　　　　　　　B. 碧螺春

C. 雀舌　　　　　　　D. 白茶

（答案：D）

(7) 美国国务卿相当于我国的：（　　）

A. 总理　　　　　　　B. 外交部长

C. 人大常务委员会委员长　　D. 民政部部长

（答案：B）

(8) 我国草原候鸟冬天的栖息地在：（　　）

A. 印度洋北岸　　　　B. 东南亚

C. 中南半岛　　　　　D. 云贵高原

（答案：A）

(9) 中国第一部彩色故事片是：（　　）

A. 马路天使　　　　　B. 十字街头

C. 红旗谱　　　　　　D. 祝福

（答案：D）

(10) 美国 1787 年宪法规定，解释宪法的权力在：（　　）

A. 国会　　　　　　　B. 总统

C. 最高法院　　　　　D. 国务院

（答案：C）

(11) 人体的"百会穴"在（　　）

A. 脑后部　　　　　　B. 腹部正中

C. 头顶正中　　　　　D. 胸部正中

（答案：C）

（12）陕西乾陵武则天墓碑上有几个字？（　　）

A．一个字　　　　　　　　　B．两个字

C．三个字　　　　　　　　　D．无一字

（答案：D）

（13）冬天倒开水时，容易爆破的杯子是：（　　）

A．很薄的玻璃杯　　　　　　B．很厚的玻璃杯

C．越高的玻璃杯　　　　　　D．没区别

（答案：B）

（14）婚礼上放鞭炮最初是为了：（　　）

A．镇妖除邪　　　　　　　　B．增加喜庆

C．求子　　　　　　　　　　D．祝愿婚后美好

（答案：A）

二、抢答

（1）一只瞎了左眼的山羊，在它左边有一块牛肉，在它右边有一块猪肉，请问它怎样选择？

（答案：山羊是吃素的）

（2）中国农业银行发行的信用卡是？

（答案：金穗卡）

（3）电影《刘三姐》是反映什么民族的生活故事？

（答案：壮族）

（4）古筝和古琴哪一个的弦更多？

（答案：古琴）

（5）古书中男子手里常握有"三尺"，请问它指什么？

（答案：剑）

（6）好莱坞位于美国什么州？

（答案：加利福尼亚州）

（7）奥林匹克运动会的口号是？

（答案：更快、更高、更强）

（8）世界上最深的湖是：

（答案：贝加尔湖）

（9）谁是"中山装"的创始人？

（答案：孙中山）

（10）太平天国中的西王是谁？

（答案：萧朝贵）

（11）过去的腊月二十三，人们通常用什么来"祭灶"？

（答案：麦芽糖）

（12）"红娘"是哪部作品中的人物？

（答案：《西厢记》）

（13）人体最大的解毒器官是：

（答案：肝脏）

（14）一般而言，将戒指戴在中指上表示：

（答案：恋爱中）

（15）挂表与手表哪个先问世？

（答案：挂表）

8．安全消防知识竞赛

（1）消防工作的方针、原则是什么，实行什么责任制？

答案：方针是预防为主、防消结合；原则是坚持专门机关与群众相结合；实行防火安全责任制。

（2）犯罪的四个构成要件：

答案：犯罪主体、犯罪客体、犯罪主观方面、犯罪客观方面。

（3）违法的定义：

答案：国家机关、企业、事业组织、社会团体和公民由于过错而违背法律的规定，致使社会关系和社会秩序受到破坏的行为。

（4）对违反治安管理行为的处罚种类：

答案：警告、罚款、拘留。

（5）违反治安管理行为在多长时间内公安机关没有发现的，不再处罚？

答案：六个月。

（6）殴打他人，造成轻微伤害的处罚方法：

答案：处15天以下拘留，200元以下罚款或警告。

（7）因违反治安管理，情况复杂，适用拘留处罚的，公安机关讯问查证时间不得超过多长时间？

答案：24小时。

（8）机关、团体、企业、事业单位违反治安管理的，处罚什么人员？单位主管人员指使的，是否处罚主管人员？

答案：直接责任人员。是。

（9）治安管理处罚条例中禁止制造、贩卖管制刀具中的"刀具"包括：

答案：匕首、三棱刀、弹簧刀、及其他类似的单刃、双刃、三棱尖刀。

（10）违反治安管理的行为必须具备三个特征：

答案：①是具有一定的社会危害性。

②是情节轻微尚不够刑事处罚。

③是依照条例规定适应处罚的行为。

（11）违反治安管理有下列情形之一的，可以从轻或免于处罚：

答案：①是情节特别轻微的。

②是主动承认错误及时改正的。

③是由于他人胁迫或者诈骗的。

（12）保卫人员必须做到的四条禁令：

答案：①禁止从事本辖区以外的保卫工作。

②禁止工作时间喝酒、任何时间不得酗酒。

③禁止参与赌博、嫖娼、吸毒等违法活动。

④禁止在执勤过程中打人、逼供、破坏公司财物的行为发生。

（13）居民住宅区的物业管理单位应履行的消防安全职责：

答案：①是制定消防安全制度，落实消防安全责任，开展消防安全教育。

②是开展防火检查，消除火灾隐患。

③是保障疏通道、安全出口、消防车道畅通。

④是保障公共消防设施、器材以及消防安全标志完好有效。

（14）消防安全巡查的内容：

答案：①是用火用电有无违章情况。

②是安全出口、疏散通道是否畅通，安全疏散指示标志、应急照明灯是否完好。

③是消防设施、器材和消防安全标志是否在位、完整。

（15）作为正华的一名员工，应该懂得哪些消防知识？

答案：①是有关消防法规、消防安全制度和保障消防安全的操作规程。

②是本单位、本岗位的火灾危险性和防火措施。

③是有关消防设施的性能，灭火器的使用方法。

④是报火警、扑救初起火灾及自救、逃生的知识和技能。

（16）消防工作的四懂指：

答案：①懂本单位的火灾危险性。

②懂预防火灾的措施。

③懂扑救火灾的方法。

④懂疏散逃生的方法。

（17）消防工作的四会指：

答案：①会报火警。

②会使用灭火器。

③会扑救初起火灾。

④会组织疏散逃生。

（18）发生火灾的报警方法：

答案：①拨打火警电话119。

②报警时要讲清火灾地址、起火原因、着火物质、火势大小，有无人员被困，报警人姓名及联系电话。

③必要时可派人到路口迎候消防车。

（19）发生火灾自救方法：

答案：①利用建筑物内的疏散设施逃生。

②利用简易防护器材逃生。

③自制简易救生绳索，切勿跳楼。

④开辟避难场所。

（20）消防、防火、灭火三个术语的定义。

答案：消防是指包括防火和灭火的措施。防火就是防止火灾发生和（或）限制其影响的措施。灭火就是熄灭或阻止物质燃烧的措施。

（21）什么是火灾？

答案：火灾是在时间和空间上失去控制的燃烧所造成的灾害。

（22）消防车和消防栓是什么颜色？

答案：红色。

（23）请列举出4种你知道的消防设施。

答案：灭火器；室内消防栓；室外消防栓；消防车；室外水泵结合器。列举其中的4种即可。

（24）凌晨2时，你突然被浓烟呛醒，发现自己的宿舍起火，这时，你该怎么办？

答案：①发现宿舍着火以后，立即叫醒其他同事，迅速离开房间。

②报告公寓值班人员，切断电源。

③打电话报警。

④寻找起火部位和原因，利用楼内消防设施进行灭火。

（25）你会使用灭火器吗？说出4种常用灭火器的名称及其灭火类别，简要说明灭火器的使用方法。

答案：干粉灭火器，灭火类别：适用于固体类物质、可燃液体、气体或带电设备的初期火灾；泡沫灭火器，灭火类别：适用于油类、一般固体物质（木、棉、麻、竹等）火灾；二氧化碳灭火器，灭火类别：适用于图书、档案资料等火灾；1211灭火器，灭火类别：适用于电子仪器等贵重物品火灾。灭火器的使用方法是拔出位于灭火器顶端的压嘴式开关的保险销，用手握住喷筒（嘴）根部的手柄，按下压把，对准火焰的根部。

（26）某女生宿舍在公寓的6层，公寓楼发生火灾以后，楼道内火势很大，浓烟弥漫，无法从宿舍大门逃出。这时，甲同学吓哭了，乙同学提了一大包东西准备逃离，丙同学急忙钻到床下边，丁和其他几个同学商量，准备跳楼。她们的做法对吗？如果你遇到这种情况，你该怎么办？

答案：她们的做法不对。被火围困时，不要留恋财物，要尽快想办法逃离火场。要尽量保持沉着冷静，尽快打电话报警，或在窗口呼救，或向窗外抛枕头等小物品，夜间还可利用手电筒、打火机等发出求救信号。不要盲目跳楼，可就地取材自救，用绳索或把被面、床单撕成条状连接起来，在窗户或床架上固定好，滑下；也可利用阳台、窗台、楼面屋顶等进行自救。一时无法逃离火场或自救的，可固守待援。

（27）火灾分为哪几类？

答案：四类，即：固体物质火灾；液体火灾；可熔化的固体物质火灾；气体火灾和金属火灾。

（28）灭火的基本原理有哪些？

答案：冷却、窒息、隔离和化学抑制四个方面。

（29）发生火灾自救方法有哪些？

答案：①利用建筑物内的疏散设施逃生。

②利用简易防护器材逃生。

③自制简易救生绳索，切勿跳楼。

④开辟避难场所。

（30）除特殊情况外，公共建筑的安全出口的数量不应少于几个？

答案：两个。

（31）哪些场所禁止燃放烟花爆竹？

答案：①区县党政机关驻地。

②市级以上文物保护单位或场所。

③车站、码头、机场等重要场所。

④重要军事设施。

⑤存放易燃易爆物品的场所。

⑥幼儿园、托儿所、医院、敬老院、疗养院、教学科研单位等场所。内环线以内禁止燃放烟花爆竹。其他需要禁止烟花爆竹的区域，由所在地区、县人民政府划定。

（32）什么叫疏散楼梯？

答案：能够符合消防安全疏散要求的专设楼梯。（包括内敞楼梯、封闭楼梯间、防烟楼梯间、符合疏散要求的室外楼梯。）

（33）什么是燃烧？燃烧的必要条件是什么？

答案：燃烧是可燃物与氧化剂作用发生的放热反应，通常伴有火焰、发光和发烟现象。燃烧的三个必要条件为可燃物、氧化剂和温度（引火源），三者要有足够量并相互作用。

（34）什么是爆炸？爆炸分哪几类？

答案：由于物质急剧氧化或分解反应，使温度、压力增加或者使两者同时增加的现象称为爆炸。爆炸分为物理爆炸、化学爆炸和核爆炸。

（35）灭火器按充装类型分：

答案：①水型灭火器。

②空气泡沫灭火器。

③干粉灭火器。

④卤代烷灭火器。

⑤二氧化碳灭火器。

（36）按灭火器重量和移动方式分：

答案：①手提式灭火器。重量在28千克以下，容量在10千克左右。

②背负式灭火器。重量在40千克以下，容量在25千克以下。

③推动式灭火器。重量在40千克以下，容量在10千克以内。

（37）室内消火栓口的出水方向宜朝何处？

答案：其出水方向宜向下或与设置消火栓的墙面成90度。

（38）室内消火栓箱内应由哪些配件组成？

答案：由箱体、室内消火栓、水带（或水喉）、水枪及电气设备组成。

（39）室内消火栓箱内的水带安置方式有哪几种？

答案：分挂置式、盘卷式、卷置式、托架式四种。

（40）确定消防安全重点单位的原则是什么？

答案：凡发生火灾可能性较大以及一旦发生火灾可能造成人身重大伤亡或者重大损失的单位，应确定为本行政区域的消防安全重点单位。

（41）哪些类型的单位应列为消防安全重点单位？

答案：可列举四类。

①商场、市场、宾馆、饭店、体育场、会堂、公共娱乐场所等公众集聚场所。

②车站、机场、码头、广播电台、电视台和邮电、电信枢纽等重要场所。

③政府首脑机关。

④重要的科研单位，大专院校，医院。

⑤高层办公大楼、商住楼、综合楼等公共建筑。

⑥图书馆、档案馆、展览馆、博物馆以及重要的文物古建筑。

⑦地下铁道以及其他地下公共建筑。

⑧粮、棉、木材、百货等物资集中的大型仓库、堆场。

⑨发电厂、地区供电系统变电站。

⑩城市燃气、燃气供应厂（站）、大中型油库、危险品库、石油化工企业等易燃易爆物品生产、储存和销售单位。

⑪国家和省级重点工程以及其他大型工程的施工现场。

⑫其他重要场所和工业企业。

（42）发生火灾的单位有哪些义务？

发生火灾的单位必须立即组织力量扑救火灾，火灾扑救后，要按照公安消防机构的要求保护现场，接受事故调查，如实提供火灾事实的情况。

（43）防火巡查主要包括哪些内容？

答案：①员工遵守防火安全制度情况，纠正违章行为。

②安全出口、疏散通道是否畅通无阻、安全疏散标志是否完好。

③各类消防设施、器材是否在位、完整并处于正常运行状态。

④及时发现火灾隐患并妥善处置等。

（44）防火检查主要包括哪些内容？

答案：防火检查是指单位组织对本单位进行检查，不仅要有检查制度，还要责任到人，有检查、有记录、抓好落实。开展经常性的防火检查，一般采取经常检查与重点检查（即季节性检查和重大节日检查）相结合的方式。检查内容：

①用火、用电和易燃危险物品以及其他重要物质的生产、储存、经营、运输、使用过程中的防火安全情况。

②建筑结构、平面布局、水源、道路是否符合防火安全要求。

③火灾隐患的整改情况。

④逐级防火责任制、岗位防火责任制和各项防火安全制度的执行情况。

⑤消防器材、设施是否完好。

（45）油锅着火后，您至少有几种扑救方法？

答案：①迅速用锅盖盖住油锅，窒息熄灭。

②用将要炒的青菜倒入油锅，覆盖熄灭。

（46）防止火灾发生的基本措施是什么？

答案：四种。隔离法、窒息法、冷却法、抑制法。

（47）当你发现液化石油气瓶、灶具漏气时应怎么办？

答案：①首先关闭气瓶角阀，并开窗通风，使可燃气体散开。

②严禁动用电器和一切火源。

③立即找液化石油站及时修理或更换。

（48）消防队扑救火灾收费吗？

答案：公安消防队扑救火灾不收费。

（49）民用液化石油气钢瓶为什么不能卧放？

答案：因为当钢瓶立放时，瓶内的下部是液体，上部是气体，当打开角阀时，冲出的是气体，随气体的逸出，下部液体又逐渐气化，使瓶内上部气体始终保持一定的压力。

如果钢瓶卧放，则靠近瓶口处多是液体，当打开角阀时，冲出的液体迅速气化，体积大约扩大 250 倍，这样多的气体，大大超过灶具的负荷，一种可能是，窜起很大很高的火焰，引着附近可燃物；另一种可能是，气体来不及安全燃烧，就有发生爆炸的危险。

（50）使用电褥子怎样注意防火？

答案：①电褥子不能长时间通电，人员离开后必须切断电源。

②电褥子严禁折叠使用，防止电热丝损坏发生事故。

③沙发床不宜使用电褥子，而且电褥子开关必须放在不易碰触的地方。

④电褥子通电后如果产生过热现象，就应停止使用。

（51）家庭发生火灾后，您有几种逃生的方法？

答案：①发生火灾后，选择最近的逃生出口。

②逃离火场的路线上遇有浓烟烈火时，必须把自己的衣服淋湿；再找一块湿毛巾捂住口鼻，以起到隔热滤毒的作用。

③在有浓烟的情况下，采用低姿势撤离，视线不清时，手摸墙壁徐徐撤离。

④楼道内烟雾过浓，无法冲出时，应利用窗户阳台逃生，拴上安全绳或床单逃生。

⑤上述情况不具备时，不能盲目跳楼，应等待救援。

（52）烟头为什么会引起火灾？

答案：因为烟头虽小，但其表面温度一般在200℃～300℃之间，中心温度可达700℃～800℃左右，一般可燃物（如纸张、棉花、柴草、木材等）的燃点都在130℃～350℃之间，都低于烟头的温度。所以乱丢烟头很容易发生火灾。

9. 防火安全知识竞赛

（1）安全生产、消防工作的方针是什么？

答：安全第一，预防为主，防消结合。

（2）家用电器失火的主要原因是什么？

答：电器短路、超负荷、漏电、线路接触不良。

（3）火灾发生后，如果逃生之路已被切断，应怎么办？

答：应退回室内，关闭通往燃烧房间的门窗，并向门窗上泼水，延缓火势发展，同时打开未受烟火威胁的窗户，发出求救信号。

（4）防止火灾的基本方法和手段有哪些？

答：有效地管理好可燃物，控制火源，避免火源、可燃物、助燃物三者间的相互作用。

（5）可燃物的种类有哪些？各举一例。

答：固体可燃物。如：木材、纸张、布匹等。

可燃液体。如：汽油、油漆、酒精等。

可燃气体。如：煤气、天然气、液化石油气、乙炔气等。

（6）"严禁烟火"的标志通常出现在哪些地方？

答：火灾危险性大的部位；重要的场所；物资集中，发生火灾损失大的地方；人员集中，发生火灾伤亡大的场所。

（7）在防火重点部位我们应注意哪些方面？

答：不在这些场所吸烟和随意使用明火；不将易燃易爆物品带入防火重点部位；严格遵守各种安全标志、消防标志的要求，遵守各项防火安全制度，服从消防保卫人员的管理；劝阻违章人员、制止违章行为；维护防火重点部位的消防安全。

(8) 泡沫灭火器主要用于扑救哪些火灾？

答：扑救汽油、煤油、柴油和木材等引起的火灾。

(9) 干粉灭火器主要用于扑救哪些火灾？

答：用于扑救石油及其产品、可燃气体、电器设备的初起火灾。

(10) 1211灭火器主要用于扑救哪些火灾？

答：用于扑灭油类、电器、精密仪器、仪表、图书资料等火灾。

(11) 四氯化碳灭火器主要用于扑救哪些火灾？

答：主要用于扑救电器设备火灾。

(12) 我国《消防法》何时实行？全国消防宣传日是哪一天？

答：我国《消防法》1998年9月1日实施；全国消防日是11月9日

(13) 火源大致包括哪几类？各举一例。

答：明火：如火柴、燃气炉、热水器等；生产性火源：如电焊、汽车发动机、工业锅炉等；自然火源：雷电、静电等。

(14) 火警电话、交通事故报警台、急救电话各是什么？

答：119　122　120

(15) 1211灭火器多长时间检查一次总重量，下降多少就要灌装充气？

答：每半年；十分之一

(16) 建筑物起火后多少分钟内是灭火的最好时间？

答：5~7分钟。

(17) 每年何时为森林防火戒严期？

答：3月15日~4月15日。

(18) 发生火灾时，基本的正确应变措施是什么？

答：发出警报，疏散，在安全情况下设法扑救。

(19) 为防止火灾，车间抹过油的废布废棉丝应怎样处理？

答：放在铁桶内。

（20）如果因电器引起火灾，在许可的情况下，首先应怎样做？

答：关闭电源开关，切断电源；用细土、沙土、四氯化碳或1211灭火器进行灭火。

（21）火灾逃生的四个要点是什么？

答：防烟熏；果断迅速逃离火场；寻找逃生之路；等待他救。

（22）家庭火灾的原因大多是什么？

答：生活用火和家用电器使用不慎或易燃、可燃品使用不当。

（23）在林区作业和通行的机动车辆，应注意什么？

答：必须安设防火装置，严防漏火、喷火和机车闸瓦脱落引起火灾。

（24）火灾致人死亡的主要原因有哪些？

答：有毒气体中毒，如一氧化碳；缺氧、窒息；烧伤致死；吸入热气。

（25）电话报火灾时应注意什么？

答：要讲清楚起火单位、详细地址、着火情况、什么物品着火、有无爆炸危险、是否有人被困及报警用的电话号码和报警人的姓名等。

（26）报完火警后怎么办？

答：派人到单位门口、街道交叉路口等候消防车，并带领消防车迅速赶到火场。

（27）灭火的三种基本方法是什么？

答：隔离法、窒息法、冷却法。

（28）防火"六不准"的内容是什么？

答：在严禁吸烟的地方，不准吸烟；生产、生活用火要有专人看管，用火不准超量；打更、值宿人员要尽职尽责，不准擅离职守；安装使用电气设备，不准违反规定；教育小孩不准玩火；各种消防设备和灭火工具不准损坏和挪用。

（29）班后防火"五不走"的内容是什么？

答：交接班不交代清不走；用火设备火源不熄灭不走；用电设备不拉闸断电不走；可燃物没清干净不走；发现险情不报告完不处理好不走。

（30）火灾蔓延的方式有哪几种？

答：热传导、热辐射、热对流。

（31）大部分的火灾死亡是由于什么原因造成的？

答：因缺氧窒息或中毒死亡。

（32）公共场所的防火规定有哪些？

答：不在公共场所内吸烟和使用明火；不带烟花、爆竹、酒精、汽油等易燃易爆危险物品进入公共场所；车辆、物品不紧贴或压占消防设施，不应堵塞消防通道；严禁挪用消防器材，不得损坏消火栓、防火门、火灾报警器、火灾喷淋等设施；学会识别安全标志，熟悉安全通道；发生火灾时，应服从公共场所管理人员的统一指挥，有序地疏散到安全地带。

（33）消防管理处罚的形式有几种？

答：有三种：分别为警告、罚款、拘留三种形式。

（34）电焊引起的火灾有几种情况？

答：飞散的火花、熔融金属和熔渣的颗粒，燃着焊接处附近的易燃物及可燃气体引起火灾；电焊机的软线长期拖拉，使绝缘破坏发生短路而起火，或电焊回线乱搭乱放，造成火灾；电焊机本身或电源线绝缘损坏短路发热造成火灾。

（35）安装电灯应注意什么？

答：电灯泡与可燃物要保持一定的安全距离，严禁用纸、布做灯罩或包灯泡；在易燃易爆场所应安装防爆灯；日光灯等灯具的镇流器严禁装在可燃物或天棚内。

（36）吸烟在哪些情况下容易引起火灾？

答：躺在床上或沙发上吸烟，特别是醉酒或过度疲劳后；随手乱放点着的香烟；边吸烟边工作；随手丢烟头，火柴梗；在维修、清洁汽车或机件时吸烟；把未灭的烟头放进衣袋；在严禁烟火的地方吸烟。

(37) 油锅着火最简单的灭火方法是什么？

答：盖锅盖，或往锅里倒菜。

(38) 电视机着火用毛毯、棉被覆盖时，人要站在哪，为什么？

答：站在电视机侧后面，以防显像管爆裂伤人。

(39) 二氧化碳灭火器不能用来扑救哪些火灾？

答：不能扑救铝、钠、钾、镁、锂、锑、镉、铀、钚等金属及氢化物的火灾，也不能扑救在惰性物质中自身供氧的物质。

(40) 哪些物质属于易燃、易爆物质？

答：大体可分为六大类：爆炸性物质；易燃和可燃液体；易燃和助燃气体；遇水和空气能自燃的物质；氧化剂（能形成爆炸混合物或能引起燃烧的物质）；易燃物体。